花千樹

月有陰晴圓缺

33個觸動心靈的小故事

曾繁光 著

第二版序

仍覺年光加速，重看本集文字，故事恍如昨日，原來已過寒暑數個。看鏡中的自己，肚腩有所增長，白髮不見增加，大概頭髮脫掉比變白的速度更快。

本集文字寫下了時代的零碎片段。多元思想亂作一團，權威的父母堅持要已能獨立思考的子女聽話，欠安全感的政府愈來愈聽不見不同的聲音，求同存異變作只有聽話才有運行，否則，只能化作無邊的爭拗。吵吵鬧鬧的噪音比城中的PM2.5（細懸浮微粒）更令人窒息。管它！來個囫圇睡，醒來風雨藍空，又是新的一天，尚能張開眼睛便好了。

黑暗盡頭總有星光，哪怕只是一剎的幻覺。時間加速，鬱悶也好，愉悅也好，同樣過得快。時光快，生命變得短暫，緣分更短暫，稍不留神已成過去；燕去巢空，明年依舊喧鬧繁華。

能寫第二版序，該感恩！多謝諸君錯愛、支持。不敢再承諾要寫得更好，有多少墨水心裡有數。

曾繁光

二〇一八年初秋星空下

初版序

我不肯定是這世界變得太快還是自己年紀大了走得慢。

朋友說他在看我寫的東西時感覺到速度。早上頭髮還是烏黑發亮，經歷幾許晴雨卻已一枕清霜；本是綠油油的大片稻田，上面種著元朗絲苗，剎那間卻成高速公路廣廈千萬間。

某夜在海運大廈天台停車場看維港煙火匯演，遊人的照相機閃個不停。煙火過去，遊人散去，從一個沙嘴在百年間變成商廈林立的尖沙咀，也不過是燒一次煙火的時間。

大概那落泊書生，把黃粱放進鍋裡煮卻在青磚枕上睡著了，見自己當了大官，父慈子孝，最後壽終正寢，醒來鍋裡的黃粱剛好煮熟。

這本書的故事，寫的是在一個急促變化的城市裡眾生的故事，故事中是他是你也是我。也許熟悉也許淡忘了。

感謝葉海旋總編及他的團隊，令此書得以出版，讓我有機會與讀者分享。

曾繁光

二〇一七年七月一日在途上

目錄

第五章：人生本是不完美

第一章：都市人・情・味

一碗麵

你的麵店已經營快四十年了，兩個兒子都已長大，有自己的事業，兒子勸你把麵店結束，好好享清福，你卻捨不得每天到來聊天的老街坊，大家時時圍在一起談國家大事、香港前途、波馬貼士，以至鄰街哪個鳳姐最好。

有時他們會爭拗得臉紅耳赤，各不相讓，甚至站了起來互相推撞，此時你便會立即對他們說：「要打架嗎？先埋單再出去打。」隨後他們總會乖乖坐下來。

你的生意一般，以前還得自己去街市買菜，今日一個電話或電郵，所有物料都準時送到。

你每天最辛苦的工作是燜一煲牛腩和煮一煲大地魚湯，其他包雲吞、包餃子、煮麵、洗碗等工作都交夥計做，工作不算操勞。

後來換了業主，加租三倍，無論菜單怎樣加價，你也無法經營下去。你在店裡貼出告示，表示麵店將於一個月後光榮結業，街坊知道後紛紛表示不捨。

你不愛讀書，中三後便到爸爸的麵店幫忙，後來爸爸中風，你便接管了麵店，你那時才二十歲，想不清自己一生要做甚麼，也從未想過會在麵店過一輩子。

阿陳已五十歲，他跟父親來吃麵時，大概只有十一二歲。他升中學、大學，帶女朋友、帶著妻兒來吃麵，不知不覺已過了四十載。他跟你同年，也在同一學校唸書，他來吃麵時，總會跟你一起溫習做家課。有時他會在麵店跟你一家吃晚飯，到了晚上十時才回家去。因為他的媽媽在他八歲時便丟下他跑了，父親是個裝修判頭，要長時間工作，又要交際應酬，他只好自己照顧自己。然而，一次家中被賊人闖入，嚇得他把自己鎖進儲物櫃後，他便一直怕黑、怕一個人在家。

徐小姐喜歡叫雲吞麵加油菜及奶茶外賣，你十五六歲時，便負責把食物送到她那裡，你總覺得她那裡有點奇怪，房裡只有張床，燈光昏暗，有不同的男人從她那裡走出來。後來街坊議論，才知道她是個性工作者。有時她會跟客人到你的店吃宵夜。你看著她從十八九歲光顧到三十歲。後來她再沒有來了，直至數年前她帶著丈夫和幾名年輕人（她的子女）來探你，你才知道她當年跟一個華僑結婚後移居英國去了。她的大女兒已經結婚，兒子和小女兒在大學做研究工作。

每個跑馬日，總有一大班人在店裡看賽馬、「刨馬經」，議論紛紛，那時還未禁煙，你那美麗的老婆被二手煙嗆得眼睛都紅了，她不肯賽馬日在店裡工作……

在你麵店看賽馬的一般都是男人，卻有一位中年女士參與其中。她不像其他人般每場都下注，只坐在一角專心看報，也專心看電視，然後以手機下注。其他賭徒總喜歡跟著她下注，因為她經常買中大冷馬，所以別人稱她為「馬神」，據說每個跑馬日她也能贏過萬元。沒有賽馬的日子，她便會呆在家裡煮飯、教孩子做家課。

「馬神」最後卻輸得很慘烈，青梅竹馬的老公把她贏回來的錢和買下的物業全拿走，到東莞「搞工廠」，最後她發現連自己的房子也給賣掉了，要在附近租個小單位，帶著三個孩子暫住，老公則在內地跟一個只有二十三歲的四川女子生了一個女兒。她有時在麵店自嘲說：「從未想過自己會輸給一個四川妹，辛苦贏回來的錢竟然給老公拿去包小三，以後我再不賭馬了。」

話雖如此，她依然每個跑馬日到麵店下注，她相信麵店的角落位是個風水最好的位置。

她把孩子帶大了，同時也有了自己的事業，開了一間地產鋪，剛遇著上世紀八十、九十年代地產興盛的年代，就靠一家小店賺了不少錢。炒樓賺錢比賭馬刺激，後來她索性不賭馬了，不過，每次交易成功，她總是帶客人來你的麵店簽約，並請他們吃你店裡拿手的雲吞麵，你也因此多了很多熟客。

熟客一個一個地年紀老去，身體病痛令他們不能常來你的店，年輕人又較愛快餐、漢堡包，店裡的客人也疏落了。你跟熟客聊天時慨歎：「原料貴了近倍，生意愈來愈少，若業主加租，這個店肯定做不下去了。」

沒想到話未說完，「馬神」便帶著新業主陸先生來見你。過了幾個月，陸先生就要加租三倍，你只好順從老婆的意願光榮結業。街坊們都捨不得，不少稀客也趕來吃碗麵，一起感慨地產霸權趕盡殺絕。

下著微雨的一天，快要打烊了，一輛黑色電動房車停在你店前，鷗翼車門升起，一位身穿麻衣短褲的胖子從後座走出來，進入麵店，要了一碗「大蓉」，你覺得他很面熟，像在哪裡見過。他一口一口地先把麵吃掉，再把雲吞一粒一粒放進口裡，最後連湯也喝光了，閉目感受口中的滋味，張開眼喃喃自語：「味道跟昔日的一模一樣。」

結帳時他跟你說：「這好吃的東西世間罕有，一定要留住這地方。」你怨憤地說：「怎樣留？喜歡這裡便多來幾次，還有半個月……」

麵店結束的消息傳開，除了附近街坊，更有人從新界或離島趕來吃碗麵。還有十多天，這家非物質文化遺產便會永遠消失。

據說發展商已買下附近幾幢大廈的業權，準備在這裡重建豪宅，大廈建成之後，這裡附近幾條街也成為屋苑的一部分，從此在世上消失。

那個坐黑色鷗翼電動車來的客人又出現了，這次他帶著一位坐輪椅的老伯伯前來光顧。

老伯伯看上去有七、八十歲，進入麵店後便上下打量，然後問：「老闆在嗎？」

你趨前有禮地回應：「我就是，有何貴幹？你要買這鋪位恐怕來遲了一步。」

老伯伯一臉疑惑：「你就是老闆？你不是已經七、八十歲了，看上去還那麼年輕。三十多年前我在這裡吃過一碗麵，當年的老闆跟你現時的年紀差不多……」

你回應：「你指的是家父嗎？他已退休，很少出來！」

他問：「他身體還好嗎？已八十歲吧？」

你回應：「謝謝關心，除了血壓有點高，身體比我還壯健。你是他的朋友嗎？我可以打電話，叫他過來跟你敘舊，這店再過幾天便結業了，況且大家都一把年紀，能見個面也是好的！」

你立即打電話叫老父過來。他健步如飛，腰板很直，不消五分鐘，你剛說完「就在附近，很快便到」，他已出現在你面前。

他聲如洪鐘：「是老朋友嗎？對不起，年紀大了，沒法把你認出來。」

老伯伯回應：「還記得一九六八年冬至前一夜，一個男人帶著兒子來吃麵，卻連五毫子也拿不出來嗎？我求你讓我遲些結帳，你說：『你別放心上，這個年頭大家的日子也不好過。要不要多來一碗？』我不好意思，這個孩子（用手指著身旁的中年人）還不住點頭地說：『最好有多一碗讓我拿回去給嫲嫲，她跌斷了腳，不能跟我們出來！』你給我們再煮了兩碗麵，還特意多煮一碗讓我帶回去……」

你的父親努力地回想，然後搖頭：「好像沒印象，只記得往日不少人吃了麵無錢結帳，我便安慰他們：『別擔心，發薪後再來！』結果不少人真的發薪後帶著朋友一起來吃麵。」

你倒好像有少許印象，記得那年那個不懂廣東話又黑又瘦的小男孩，然後說：「家父年紀大了，很多事情也一時想不起來，你們說起，我好像還有點印象……」

那中年漢子對你說：「一九六八年我們一家三口的木屋給寮仔部的人拆了，爸爸又失了業，沒地方住，只好睡樓梯底，太餓了，已有兩天沒吃飯，我和爸爸硬著頭皮走進你們的麵店，明知沒錢，也厚著臉皮吃麵，幸好你們知道我們家的困境後，不但不用我們付錢，還讓我帶碗麵回去給嫲嫲吃。她也許太餓，已經不能說話了，我餵她吃了麵，她居然恢復體力。還帶著我們到一個住在離島的遠房親戚那裡住，爸爸和嫲嫲幫他餵豬，我們就在豬欄一角安頓下來。我也可以再讀書……」

「嫲嫲常掛嘴邊：『若不是那幾碗麵，我們三人也許早已成了凍死骨，得人因果千年記，一定要好好報答那麵店主人。』」

「過了幾年嫲嫲和我來找你們，可我們都認不得路，找了幾次也找不到。後來嫲嫲去世了，我和爸爸移民巴西生活，在那裡開了家小店做生意，錢是賺到不少，可惜那裡的治安太差了。到了上世紀八十年代中，我們回港做貿易生意，後來轉為投資房地產，把整條街也收購了，準備重建，最初的構想是希望透過加租趕走租客。後來我開車在這幾條街巡視時，見到你們的店，望起來好像有點印象，但我不肯定，都幾十年了，記憶真的模糊了。當然，那夜膽粗粗來吃霸王餐，又黑又冷，根本沒留意你的麵店叫甚麼名字。」

「只好停下來進店吃麵，除了地板的綠白相間紙皮石，我完全認不出這就是我來過的麵店。惟有叫了碗麵，呷下了第一口湯，我便記起那夜我吃的那碗麵就是這個味道，我一生也不會忘記這味道。」

他告訴老父，當日贈他麵的店，原來就在公司收購了的舊樓裡，兩人便想到新的計畫，希望讓這有人情味的小店可以繼續經營下去。

輪椅上的老伯伯說：「沒有一麵之恩，我們便沒有今日了，找到你們後，我們有了新的想法，公司決定發展保育同時重建社區，但這不是完全為了賺錢。」

「我們希望把這幾條街的特色老店保留下來，把他們搬到鄰近的街道繼續經營，待五、六年後這裡重建完成再搬回來，當然租金方面大可再商量。」

「你這裡生意那麼好，食物水平又高，用不著那麼快結業，在這裡多經營幾個月，交舊租金，待新鋪裝修好，你們才搬進去。重建可以保留整條街和所有街坊，大概是件有意義的事吧！」

你和老父從未想過，當日給潦倒的朋友一碗麵，竟會有今日教人喜出望外的回報。

洗碗

兒子已上中學了，他不再需要你貼身照顧。

某天無聊地在街上逛，見一茶餐廳外貼著招聘廣告：「招清潔工兩名，全職兼職均可，薪優……」

你想：「都十多年沒工作了，不知自己能否應付得來。」

正在猶豫，一位慈祥的伯伯出來問：「太太，對我們的工作有興趣嗎？請進內面去看看。」

他的熱誠打動了你，你跟他進去，他告訴你工作主要是洗碗。你看過了之後，想起自己年輕時在工廠食堂也做過幾年清潔工，看見他們用機器協助清洗碗碟，你覺得自己可以應付。

他很高興：「你隨時可以上班，要照顧小朋友可以早點回家，但午餐時間一定要上班！」

第一天上班，你洗了一個上午，已覺筋疲力竭，腰痠背痛，幸好老闆叫你下午抹檯去，收拾杯碟到三時才清靜下來。

老闆如你所願，兒子放學後你便可回家去。

那晚，你累得連飯也不想煮，隨便買幾個飯盒回家作晚餐。

丈夫說：「家裡又不缺錢，那麼辛苦賺的又不多，不要把自己捱壞了！」

你對他說：「老公，開始時會比較辛苦，但我相信過一、兩星期便會習慣，習慣了便不會辛苦了。有工作總比閒著好，兒子上學之後，剩下我一個人在家無所事事，很悶啊！兼職雖然賺不多，至少可以打發時間。老公，別擔心，我不會難為自己！」

那夜你倒頭便睡，到了第二天早上起來，感到多年來從未睡得那麼好。

兒子放學後去茶餐廳探望你，然後一起回家。

你反而有點不好意思：「你不怕同學知道你有個在茶餐廳洗碗的媽媽嗎？」

兒子搖頭說：「不少同學的媽媽也沒工作的，也有當地盤工、售貨員、按摩師的，洗碗有甚麼不好？也是要付出勞力賺錢！」

一個月過去了，兩個月也過去了，兒子有空便來陪你一起回家。你開始跟其他員工熟絡了，你發現他們都是很有上進心的人，尤其幾個廚師，他們閒來會一起上網學煮菜，也學會了不少食物的科學常識，應用在烹調上，怪不得街坊都讚茶餐廳的東西愈來愈好吃。

老闆鼓勵設計餐單的廚師將菜式弄得健康一些——如多菜少糖少油，沒想過這些健康餐會大受歡迎。

別以為茶餐廳的廚師只有男性，你工作的茶餐廳除了大廚強哥之外，其他三個助手都是四、五十歲的大媽。強哥曾任職五星級酒店，那酒店的中餐廳換了主管後，便將所有舊人裁掉。那時碰上經濟不景氣，食肆一家又一家倒閉，找廚師職位不容易，強哥要供樓，母親又患上慢性病，沒有工作的話，將令他面臨極大壓力。

茶餐廳老闆福伯跟強哥是舊街坊，也可以說是看著強哥長大，他常說：「他兩兄弟常跟爺爺來吃下午茶，弟弟飲可樂，他愛熱鮮奶，已是二、三十年前的事了，他爺爺早幾年已過身。」

強哥告訴福伯自己失業了，福伯見現職的廚師只顧賭馬，弄出來的食物差強人意，便想邀強哥到茶餐廳工作：「若你不嫌棄，到我這裡來上班，幫我搞好出品，現在的廚師太糟了，再下去恐怕餐廳會結業。不過這裡不是酒店，煮的也不是甚麼名菜，食客也非名人……」

強哥一口答應，連工資也沒說好便上班。上班第一天，便遭那大廚處處留難，可強哥堅持要把食物煮到最好，那大廚最後帶著自己的人馬走了，強哥硬著頭皮找來三個廚藝學院的畢業生，便開始把茶餐廳改革。食物質素上升，立即有食客在網上推介，一個又一個的推介，令顧客人數大增，不少官員和名人也慕名而來。福伯最初不敢增聘人手，後來見顧客多了，趁鋪租平，把鄰鋪也租了。餐廳重新裝修，大幅增聘人手和引入新的器材。顧客太多了，店鋪聘請的人手也多了一倍，生意額相當可觀。

樓面泉嬸在這茶餐廳做了二十年，已六十五歲，身體非常壯健，兒子和兩個女兒已結婚，子女叫她回家湊孫享清福，她卻喜歡茶餐廳這個大家庭。「每天回來有說有笑又一天，老闆還會給我薪金，我覺得這是人生中最大的幸福。」

其他幾個樓面也是跟你一樣做兼職，有人要照顧子女，也有人要照顧年紀老邁的父母，不能每天都上班十小時。老闆福伯也盡量方便員工，故員工從來沒有抱怨。

做了一年洗碗，強哥見你對煮菜的興趣很大，便問你：「有沒有興趣做我的助手？工作內容比洗碗複雜，但我相信你可以應付。」於是你變成了廚師，也開始學習將餸菜依其特點，用最恰當的方法烹調，想不到你新設計的菜式贏得不少掌聲。你大概從未想過，四十多歲了，竟然找到自己的事業。

你在茶餐廳工作，除了有收入，也結識了不少朋友。食客都是附近的街坊，有些在區內住了五、六十年，也有些是新搬來的。來得多了，跟你熟絡，他們便會說起自己的故事。

一位老顧客告訴你這區的變化：「這裡以前是沙灘，後來政府填海，附近的紅樹林、沙灘和沼澤也消失了。我們唸小學的時候，逢初二、十六潮水退得很低的前後幾天，都會聯群結隊去掘蜆，有時一個晚上可以掘到過百斤，可供我們一家吃上整個星期，吃不完便曬成蜆乾……晚上，爸爸帶著我們幾兄弟到海邊去捉魚，大光燈把魚引過來，我們用魚叉一尾一尾地捉，運氣好時一晚會捉到十多斤。那時，全海都是墨魚，只要有燈火，水面便浮滿墨魚，我們捉了十隻八隻大墨魚，已重得拿不起來……這些已是幾十年前的事了，今天我們只會上網看電視……」

一位老街坊說：「這冰室曾是這區最出名的餐廳，那時賣的是高檔食物。我們一年只能去餐廳一、兩次，通常期考放榜成績好，才可以去吃牛扒，又或者爸爸加了薪，請我們吃火腿通粉早餐。若那年考試成績不好或爸爸沒有加薪，便沒機會上餐廳了。」

另一位街坊加入回憶：「你那時真幸福，我到了十六歲才第一次來這餐廳，吃了一客火腿雞蛋三文治，那時我覺得火腿蛋治是全世界最美味的食物。那時很窮，雖然住徙置區，但一家八口住個小單位，在走廊煮飯，洗澡和大小便都要去公廁和公共浴室。父親做苦力，幾個哥哥、姐姐做完家課，便跟媽媽穿膠花……」

他們告訴你，這條街上原本有幾家米鋪和日用品店，但城市發展，舊樓拆了重建，三、四層高的圓角唐樓都被幾十層高的玻璃幕牆大廈取代了。近幾十年流行超級市場，那些米鋪和日用品店便漸漸被淘汰了。不少留下來的店鋪也在搞業務多樣化，除了賣日用品也兼營地產……

一位往日在鄰鋪開米鋪的街坊回憶：「以前開米鋪不愁沒生意，後來漸漸流行包裝好的米，米鋪生意日差，最後索性把鋪租給別人作模型店，收到的租竟是自己做生意的幾倍，租鋪的收入比自己做好，我們還做生意幹甚麼？」

你跟街坊聊天，的確了解這區幾十年的故事，閒來無事，你也會跟新搬來的顧客分享所見所聞。

你覺得茶餐廳其實也是街坊的聚腳點，尤其是老街坊，不需要約定，到了每天特定時間，便會自動出現。

緣分

帶著兒子來到香港的第一天，一家團聚吃晚飯，你很幸福，也有許多夢想。

丈夫喝了一瓶啤酒，開心地對兒子說：「堂仔，明天帶你去找學校，以後要努力讀書，上大學、唸博士……」

回到家裡，丈夫忽然覺得背部劇痛，不能動彈，他要你召救護車到醫院去。在急症室來來往往去了好幾個地方，照了X光，驗了血，醫生嚴肅地對他說：「你的肺部左上頁有不正常的影子，要入院作進一步檢查。」

一種不祥預感令你全身發抖，很不容易遇上一個好男人，等了幾年終於不用聚少離多，可以快快樂樂一起過日子了，他卻發現有肺癌，且已擴散至腦部和肝臟。

病榻上，他忍著痛對你說：「醫生說我大概只有一年命，讓我在政府醫院接受治療好了，把錢留下來給你和堂仔，那房子是自己的，不用交租，我買了一份保險，還有股票和公積金，該夠你們的生活開支。」

你緊握著他的手說：「你還年輕，才過了五十，無論甚麼方法也得試試，你就這樣死了，我會一輩子怪責自己。」

你帶他看全城最好的腫瘤科醫生，化療再加上標靶治療，他的臉色好了。醫生說：「肺部和擴散了的腫瘤都在縮小。」

他相信自己會好起來，還說：「老婆，幸好你堅持要我接受治療，不然我可能已一命嗚呼了。病好之後，我要帶你們去歐洲旅行，堂仔可以去參觀大英博物館。」

過了八個月，醫生說：「你們得有心理準備，病人出現了抗藥性，所有指標都顯示情況在惡化。」丈夫拒絕任何治療，趁精神還好，一家人去了兩星期歐遊。

回來後不足半個月，他的神志已模糊，送到醫院後，便再沒有回家。神志較清醒時，他說：「一生中最快樂的日子就是跟你在一起的時候，別難過，能做的都已做了。一定要開開心心地生活下去……」說了幾句，他又要休息了。

他的同學、朋友、同事每天都來看他。他卻每況愈下，最後連眼睛也張不開，整天在昏睡。他的前妻帶著兩個十多歲的女兒從澳洲趕回來，他的弟妹也從三藩市趕回來。

大概想見的人都見過了，他半帶微笑地呼出最後一口氣，眼角滲出了一滴淚水。

堂仔輕捉住他的手說：「爸爸，你很凍，要不要蓋張被子？」

＊　＊　＊

你在香港沒有親人，來港後的日子，每天都是到醫院去，對香港一點也不熟悉。丈夫去世，你真的不知如何是好，幸好得到他的弟妹和朋友幫忙，葬禮總算是辦得很得體。

他的弟妹知道你為了要治他的病，早已花光了所有積蓄，股票、外幣能賣的都已賣掉。處理過丈夫的後事，你的經濟實在拮据，幸好他的弟妹很樂意幫忙，令你不用急於找工作。

他的妹妹說：「堂仔才五歲，你外出工作，誰照顧他呢？雖然我們不是很富有，但照顧你們母子的生活還是綽綽有餘，你就好好全心全意照顧堂仔。大哥生前待我們很好，若不是他上大學時做兼職供我們唸中學，我們肯定不會有今日，他走了，我們協助他照顧你們，也是天經地義啊！」

他的前妻和兩個女兒也過來看你，兩個女兒問：「姨姨，這是我們成長的地方，留下了很多珍貴回憶，真希望每次回來也可以在這裡住。你別誤會，我們不是要霸佔這房子，只是很想念跟爸爸在這房子一起生活的日子，另一方面，我們也可以照顧弟弟。」

你對她們說：「你們的爸爸曾說過，不要動女兒們房間的擺設，她們會常回來住的。

你們要回來住，住多久也可以。」

她們感謝你照顧病榻上的爸爸。她的前妻告訴你，即使他們已離婚，可仍是好朋友，能幫得上忙的，她一定幫。

本打算外出工作，有了家人的幫助，你可留在家裡照顧孩子。他的前妻每年都帶著女兒回來，讓兩個姊姊跟弟弟相處，也同時留下一封大利是給堂仔，足夠他一年的學費。

她告訴你：「我欠他太多了。跟他生下兩個女兒，一下子移情別戀，帶著兩個女兒到澳洲去。他還把大部分錢給了我們，説起來我還感到內疚。幸好上蒼沒有難為一個善良的人，讓他可以找到你。」

時光匆匆，堂仔唸完小學，上中學了，他的兩個姊姊都出嫁了，每年還抽空回來探望你們。

堂仔轉眼上大學了，更搬進宿舍去住，你在家悶得慌了，在街上流連，見到一家百貨店的招聘廣告，決定去應徵。

你告訴他們，你沒有經驗，甚麼也不懂，從未在香港工作過，那主管説：「不成問題，工作很易上手的，最重要是你的普通話説得好！」工作讓你的日子過得很開心。

不少人在抱怨香港的生活難過，你卻感到這裡真的很好。

我的文革回憶

報章和網上討論都說今天是「文化大革命」五十周年。對於不少港人來說，相信也不太清楚為甚麼五月十六日是「十年浩劫」的起動日。

我對文革的印象只有零碎片段。兒時曾目睹有人乘舢舨到附近的泥灘，把舢舨棄掉，數十個穿上藍色制服的人匆匆走向車路，然後在黑暗中消失。每隔一、兩天便有舢舨棄置在泥灘上。

幾個小孩子把舢舨藏起來，趁大人下田工作，便撐著舢舨到海中心，最後大家在海中心慌得哭了，幸好附近有輪船經過，把他們帶回岸邊。孩子的父母發現之後，孩子們都被痛罵，舢舨也給砸了幾個破洞。但孩子們並不擔心，過了黑夜，上學前的清晨，又會有人送上舢舨。

孩子們說，海邊漂來一具又一具的浮屍，都是被五花大綁的，發出陣陣惡臭。上學時走過沙灘，也好像嗅到陣陣屍臭。雖然沒親眼見過屍體，卻有幾年經過那裡也怕得加快腳步。

一位同學告訴我，晚上有二十多個偷渡客到他家求助，他們的衣服濕透，其中有個小女孩臉色蒼白奄奄一息。同學的父母拿出舊衣服拋給他們更換，煮了一餐給他們吃，再教他們如何走進市區。

跟朋友聊起，原來每個家庭都曾收過內地親人一封又一封的簡體字信，要他們寄奶粉、藥物、衣服、食物……不少人將舊衣服和食物帶到深圳寄回鄉下。一位朋友告訴我，他跟媽媽過羅湖橋時很害怕，因為要背誦一段《毛語錄》才准過去，他不肯背，母親在空著急。

一九六七年看《華僑日報》獲悉大有街發生暴動，聽收音機播報新聞知道左仔四處放「菠蘿」，令不少市民受傷，林彬、林光海更被活活燒死。父母告訴我們，切勿踢路旁的包裹或紙皮箱，尤其寫著「同胞勿近」的東西一定不要碰。

看過《北京最寒冷的冬天》這小說，也看過不少「傷痕文學」或「中國新寫實小說」。漸漸對上世紀五十年代及文革時期中國人的生活多了認識，同時也感到不安和害怕。

一位一九六七年偷渡來港的鄰居，提起共產黨便破口大罵，他的父親不堪紅衛兵的折磨上吊了，弟弟跟他逃來香港時溺斃了，連屍體也找不到，上世紀八十年代他舉家移居加拿大，九十年代中他在東莞開了家大工廠。
大概這就是香港人對文革的零碎片段。

鳳凰木

立夏已過，天氣炎熱起來，一連好幾天陽光很猛。鳳凰木開花了，一樹紅艷艷的，煞是好看。一陣微風，花瓣飄落，路上早已鋪成了紅地毯。

開著車沿路駛過，花瓣在後面揚起，你把車慢駛，從睹後鏡看這美麗的一幕。你索性把車停在路旁，踏在花瓣紅地毯上。

在鳳凰木樹蔭下，往事心裡湧現。

七歲那年上一所鄉村小學，只有一排平房的空間作校舍，共四個課室，小一課室門外有一棵很大的鳳凰木。你太矮小了，就坐在靠近門口的最前排，抬頭望出窗外，通過濃密的小葉子可見到藍藍的天，白雲在婆娑樹影中飄過。鳳凰木上有個鳥巢，另一樹幹上有個很大的蜂巢，黃蜂聯群結隊的進進出出。

某天，你看得出神，頭上突然被人輕輕一拍，班主任說：「留心聽書，別老是發白日夢！」

也許鳳凰木太吸引了，你無法專心聽書，功課做得不好，測驗成績排尾三，班主任沒有罵你，只是鼓勵你：「好好用功，會有進步的！」

天氣轉涼，鳳凰木的葉子變黃飄落。地上堆滿了枯葉，踏上去軟綿綿的。有同學抓一把黃葉擲向其他同學，跟著所有同學都在互擲黃葉。過不了兩天，黃葉被校工掃去了。

你總愛望著窗外鳳凰木的禿枝勇敢地伸向天空，蜂巢再沒有黃蜂飛出來，枝上卻掛滿了長約呎許的刀形黑色果莢。吹起大北風時，屋頂會啪啪響個不停，所有同學都很雀躍。小息時，男生總愛搶先衝出去拾起果莢，把它當劍般跟其他男生決鬥。

未下課，你已看到最長、最大的果莢，只待下課鈴聲一響便衝出去拾起它，你個子矮小卻把班裡所有男生打敗，一個高班同學向你挑戰，一個不留神果莢打在他臉上，眼鏡打飛了，鼻孔流血。他大哭，白色恤衫上都是血，你大驚，立即向那同學道歉，帶他到校務處找老師。他告訴老師只是意外，班主任要你放學後去找她，你家的一頭豬給牽到他家去了，沒錢賠眼鏡，爸爸只好以豬抵債。

班主任沒有罰你，還讚你誠實、勇於承擔錯誤，她要你每天放學去找她，她為你補習。大考完畢，你從四十二名進步至第五名。

轉眼五十多年，學校已給殺了，鳳凰木在學校荒廢後被風吹倒了，班主任已九十五歲，躺在護老院的床上，失去了吞嚥、說話的能力。

搬鋪

陳伯的糧油雜貨店在黃竹街開業快五十年了，近日店鋪圍上了木板，像要裝修似的，木板上貼上了一則搬遷啟示。

「感謝各位街坊五十年來的支持，八月八日起本店將搬往大南街××號閣樓繼續為大家服務……」

陳伯的樓上鋪比地鋪面積小一半，貨品更集中地賣茶葉。小小的店鋪擠滿了熟客，他忙於叫街坊坐下來喝茶。人人一杯在手，他叫老婆坐在身旁，開始講述自己的故事。

「我原本在舊鋪打工，準備結婚了，卻遇上六七暴動。老闆一家要移民美國，老婆提議我們結婚不要擺酒，又不用租地方住，把糧油鋪頂了來做，前鋪後居，還有個小閣仔。老闆好人，讓我先付首期，尾數過兩年才給他……我們就在舊鋪做生意。靠這家鋪，我養大了七個子女，個個大學畢業，有醫生、會計師、律師、工程師……」

「最初我們賣元朗絲苗，後來香港無人種水稻，便改賣中國大米，之後賣泰國香米，跟著超級市場出現，生意愈來愈難做，不少行家在上世紀八、九十年代都把生意結束。我偷渡來港前，在內地茶園待過幾年，對茶葉有一定認識，於是八十年代便改賣日用品和茶葉。九十年代地產蓬勃發展，我更把半間鋪租給地產代理……」

「孩子長大了，都叫我別再操勞，好好休養。但做了幾十年的生意，我實在捨不得結束。看著街坊的文具店、成衣店、藥材店……一家又一家結束了，只剩下我這茶葉店在這裡苟延殘喘，實在不是味道。舊樓一幢幢拆卸了，建了一座又一座的購物商場，商場裡有不少商鋪和酒樓，商鋪猶在，可一家又一家酒樓已變作老人院。地鋪只有家具店、涼茶鋪、便利店、電器店，其他的都消失了。」

「守著舊鋪，已不是為了賺錢，只是用來打發時間和跟街坊見見面，希望透過多些社交接觸減慢一下腦部退化。原本打算守著舊店直至不能工作那天，沒想到有地產公司重金租我的鋪，當會計師的女兒建議我把店租出去，再搬到樓上鋪，這樣一來一回每個月多賺七、八萬元。而且這裡地方小，較安靜，容易打理……」

坐下來跟陳伯聊天，街坊來來去去的，他又不停地訴說著深水埗的故事。

他正說得精采：「大埔道從前是馬道，真的有馬在那裡走……」可惜我要走了，只好下回再去聽他的口述歷史。

第二章：生命，不應只是求分數

一個群育學校畢業生的故事

我是個小小的搬運公司老闆，有十多個員工為我工作。若我不說自己曾在一所群育學校唸過三年書，你根本不會知道我的童年怎樣過。

我有一個讀書成績很好的哥哥，因為他，我有幸入讀一所非常出名的小學。我唸一、二年級時，除了成績欠佳、上課不留心及間中在課堂搗亂外，也沒有甚麼更嚴重的問題。

到了四年級，開課頭一星期，也許自己真的太笨了，完全聽不懂老師在說甚麼。我最初伏在書桌睡覺，老師們卻經常叫我起身答問題，每次我睡眼惺忪，站起來啞口無言，全班同學都會大笑起來，真想找個洞鑽進去。

我每天上學也感到害怕，怕老師要我答問題，做夢也聽見同學們的嘲笑。於是我開始逃學，在快餐店流連，兩天後，父母收到學校通知才知道我沒有上學去，罵了我一頓，要我明天立即上學去。回到學校，校長見了我便說：「若你想讀書，便乖乖上課，別再逃學。」

我告訴她：「校長，我不喜歡讀書，我完全不明白老師在說甚麼，但你們總要我回來上課，我真的不想。」

校長生氣了：「你這人真是身在福中不知福。世上不知多少孩子，想讀書也沒有機會啊！」

我回應：「我也曾想過要好好讀書，但實在沒這能力，沒想到讀一課書是那麼難的。我叫自己專心一點，卻發現專心是一件很難的事……」

校長冷冷地回應：「你要自暴自棄，我們也無能為力……」

在短短三個月，我身上多了很多標籤——問題學童、品行障礙、忤逆對抗、過度活躍、學習障礙……回到學校便給老師羞辱，給同學取笑，我索性呆在家裡，不肯上學去。

我要感謝學校社工和教育心理學家，他們在我不願意的情況下，把我送到一所偏遠的學校寄宿。

記得爸爸送我到學校，把我交託給老師時，拍拍我的頭說：「孩子，難得這裡肯收容你，你要好好讀書。」說罷便站起來要走，這時我第一次見到他的眼睛紅了。

我想：「張瑞明，你一定要生性。」

群育學校的譚 Sir 每天陪我跑步，幫我補習，發現原來我有專注力問題，於是建議我去見精神科醫生。吃了藥，我才第一次感受到甚麼叫專心，花了一年時間，我的成績好了，身體也強壯了，衝動的行為也消失了。
他們要把我送回主流學校，我卻要求校長讓我唸畢小六才離開。我捨不得那裡的老師和同學……

* * *

說來慚愧，回原校升上小五，我連二十六個英文字母也未能全部默寫出來，加減乘除對小學生來說本是件容易的事，可我竟然不懂怎樣算，更不用說我寫中文字時會經常左右倒轉或寫錯筆劃。在主流名校，我是個籮底橙，至少班主任這樣曾對我說，所有人都希望把我趕走，以免影響學校聲譽。媽媽帶著我哀求校長給我多一次機會，聲淚俱下，我見到她那麼委屈，實在很難過，我叫自己要專心，雖知道那是件不可能的任務。媽媽很沮喪，沒想到校長最後這樣說：「我們的學生不可能是沒表現的。」
社工拉著我和媽媽到學校一角，提議再把我送到群育學校去，媽媽本來一直反對，但這時猶豫了：「這樣做會否害了她？」
我回應：「媽，就讓我去群育學校，我不想再留在這裡。」說完這句話後，我立即後悔，因為這句話像一把利刃直刺媽媽的心。

社工再勸：「既然阿女也想去群育學校，張太，你不如尊重她的想法吧！」我知道，當時媽媽心裡一定認為決定把我送到群育學校就像要宣判自己的孩子死刑，會毀我一生，會被爸爸和其他親友唾罵，但她這一次的決定卻改變了我一生。

譚 Sir 在我開始服用醫治專注力的藥物後，才真正評估我的學習水平，他笑說：「瑞明，你得接受現實，你的語文能力尚好，但英語和數學就只有小一或更低的水平。然而，教育心理學家說你的 IQ 有一百三十，屬於高智能一族，就讓我們試試用兩年時間把小學課程完成。」

那一年，我真的很努力，除了看醫生、吃飯、洗澡、睡覺，我都在看書做練習。放暑假前，譚 Sir 給我來一個測驗，他興奮地告訴我，我的水平已達小五程度，可以回主流學校上課。那時，我對主流學校有敵意，聽見他要把我送走，忍不住哭了起來，我自暴自棄不吃藥、不起床。

校長來看我：「瑞明，無論如何你得把自己照顧好，人家可以輕看你，但你一定不可以看不起自己，我這裡的孩子都有學習上的困難，但他們長大後都是有用的人，能自食其力回饋社會……」

我抽泣說：「校長，可否讓我留在這裡直至小學畢業？」

他皺眉說：「但以你的能力可以去較好的中學，從我們這裡升中的話就只能去一些二組、三組中學啊！」

「我不介意，唸第一組中學又如何，只會逼我唸書……」我回應。

校長再問：「你真的寧願留在這裡，將來去一所沒那麼好的學校？這會影響你的前途啊！」

我堅定地說：「不後悔，我希望繼續在這裡讀書。」校長喃喃自語：「真不明白為何每個學生來了這裡都不願離開，這裡有甚麼好啊？」

我多麼想告訴他，我在外面的學校只能是個被人嘲弄的小人物，沒有成就，相反在這裡我才能感受到老師的關心，他們的幫助讓我感到自己有讀書的能力，也覺得活著有意義。

在這裡唸書的同學也不是甚麼壞人，他們也許來自破碎家庭，也許有著嚴重的情緒和行為問題而不被主流學校所包容，每個人都有著自己的故事，也有著自己的夢想。不少人像我一樣，會因小事而暴躁起來，可冷靜下來又感到非常後悔。漸漸我們學會了尊重和相處，變成了互相包容、欣賞的好朋友。

小六下學期要結束，我們都要離開，有人要到群育中學去，但大部分人都得回到主流中學，我們都捨不得離開。

一天晚上，老師帶我們去露營，我第一次看見天空裡有那麼多星星，還有從前在電視中見過的銀河和北斗星。我們談未來，有同學要做媽媽，有人要做護士，也有人要做群育學校的老師。我從沒想過未來，我說：「我不知道將來能做甚麼，只想好好活著，別再令父母失望。」

時光飛逝，同學們都三十多歲了，希望當護士的同學做了地產經紀，賺了大錢；希望當群育學校教師的當了大學教授，研究特殊教育；希望當母親的同學生了三個孩子，當了少數族裔的社工。同學們長大後沒有成為犯罪分子，老師實在功不可沒。

離開群育小學後，我一直慶幸有這麼好的老師，讓我這個被社區遺棄的孩子重建自信，找到生命的出路。

世上有不少像我這樣的孩子，因為有著各種情緒、行為和學習問題而被主流學校所放棄，他們正需要群育學校這些充滿愛心和不放棄他們的地方，讓他們重拾自信，打好基礎，繼續好好活下去。

唸中學的時候，曾經試過和同學們一起回母校為學弟、學妹補習，學弟、學妹得到我們的幫助後，學業成績和行為也變得更好。

我認為，群育學校和主流學校的學生可以互相幫忙，一起成長，一起學習。正如一位中學同學說：「為群育學校的小朋友補習，讓我有機會見到世上比我不幸的人在我小小幫助下而有所改變。」

留意孩子的情緒與行為

新學年開始了，不少家長自八月中已神經緊張睡不好，脾氣也暴躁了，受苦的當然是自己的孩子和伴侶。

度過了漫長的暑假再上學，不管你是新升中小或原校升班，也要幾個星期才能適應新學年的生活。有少許不安、擔憂和盼望是正常的，因為班房、老師和同學也不同了，課程和學習的節奏也許跟往年不一樣。

尤其是剛上小一、中一或轉校插班的同學，他們更要適應新的環境及上課方式，如果沒有相熟的同學在班裡，在一個完全陌生的環境中也許會更焦慮。然而家長毋須過分擔心，孩子的適應能力較強，他們很快便能跟同學、老師混熟，也很快進入學習狀態。

在適應過程中，也許會感到焦慮、害怕、擔憂、難以入睡、食慾減退或坐立不安、情緒激動、脾氣暴躁等現象，也有孩子會不願上學、無法集中，小一生也許再出現間歇尿床，各種身心徵狀，如頭痛、肚痛、背痛、無法呼吸、胸部給壓、拉肚子、小便頻密、冒汗及手震等現象也會暫時出現。

活。

倘若以上現象只是出現一、兩星期就逐漸消失，大概該孩子已經適應了新學年的生活。

然而，若以上情況持續數星期且有惡化現象，生活和學習也受到影響，他便極有可能患上了焦慮症，或受到其他精神、行為及情緒問題所影響。

初離家上幼兒園的孩子，由於仍然要依附父母或照顧者，所以要他們突然離開照顧他的人，跟陌生人一起生活，他會哭、很焦慮、感到驚慌和害怕。

日子久了，習慣了，他們知道放學後回家還會跟爸媽一起，便不會再害怕，在學校認識了新朋友或找到有趣又喜歡的事情，他們便會愛上了上學。

近年也出現了父母的離別焦慮，孩子給送進課室，父或母竟然在學校門外哭了起來，看來他們也得盡快適應「暫別離」，令自己平穩冷靜，方可協助孩子克服分離的焦慮。

見孩子離家上校車便哭，家長也許覺得孩子沒出息或者感到丟臉，尤其見到別的同齡孩子在活潑蹦跳好不開心，他們也許會罵自己的孩子，又或者威脅他們，不准他們哭：「再哭信不信我打你？」「有甚麼好哭？又不是爸媽死了。」「你真沒用，再哭信不信我以後也不理你？」……

說和做這些事不但未能令孩子盡快適應新環境，相反會令他們更加擔心和害怕。

年紀很小的孩子以語言表達情緒的能力較差，焦慮或沮喪時不懂得直接向別人說出其感受，不正常的情緒往往通過行為和身體徵狀去表達。

行為的變化，如無故哭泣、發脾氣、破壞物品、不肯吃飯、不肯睡覺、不肯上學或做家課、無故尖叫等，往往被看作頑皮、不聽話或引發大人關注的舉動，大人見到這些行為，往往不會想到孩子的情緒有問題，反而會對不接受的行為予以指責或打罵，令孩童的內心更加痛苦——連爸爸媽媽也不明白我，那種孤獨的感覺令孩子更焦慮或沮喪。

至於因情緒引起的身體問題，如頭暈、頭痛、視野不清、口乾、肩頸痠痛、心跳加速、無法呼吸或窒息感、胸悶噁心、腸胃不適、拉肚子、小便頻密、手腳麻痹、顫抖、冒汗等現象，都會被父母或醫生當作身體問題來處理。當然，藥物往往也無法達至預期的效果。

因此，若我們的孩子在新學年開始時，出現各種行為或身體毛病，我們必須弄清楚這些異常的行為和身體徵狀是甚麼意思。只要細心觀察及詢問幾個問題，大概也可以看出那是情緒問題還是行為身體問題。

例如孩子整個暑假也過得很開心，睡得很好，但剛開課他便無故地哭、肚痛、拉肚子及不肯去睡，他也沒發燒或咳嗽，你問他哪裡不舒服，他總會無法準確地告訴你哪裡不舒服。

如果看過了醫生，做了基本檢查，也找不到異常的地方，他便極可能出現一些情緒的問題。只要細心引導，鼓勵他把心裡感受說出來，最後你可能發現孩子很焦慮和擔憂呢！

曾經見過一個這樣的中一女生，自小四開始，到了每年八月中，便會肚痛、噁心、拉肚子和失眠，開學後兩星期，所有徵狀都消失了。

她的情況正好跟她的開課焦慮有著密切的關係。後來，她訂立了隔天做一小時中等強度的帶氧運動減壓模式，也學懂了呼吸肌肉鬆弛方法，到了中二開課，她就不再感到肚痛或出現拉肚子的現象。

其實她緊張的原因是她對自己的期望極高，期望太高為她帶來了極大壓力，通過簡單的心理治療，讓她學會調整自己的期望——夠好便是，毋須追求完美，從高期望而來的壓力也會漸漸消失。

倘若她的情況沒有因心理治療而好轉，服用某些抗焦慮或抗抑鬱劑，也可紓緩緊張的情緒。

* * *

去年一連串的學童自殺事件，引起了當局及社會人士的關注。

新學年剛開始，不少老師和家長也擔心類似的事件會不會重演，政府成立了一個甚麼專責小組，提出派精神科護士進駐八所學校作試點，又是否有效預防學童自殺呢？這都是不少關注學生健康成長的朋友心裡的疑惑。

精神解剖研究發現，六至八成自殺身亡的青年人，在其行動前，已有足夠徵狀顯示他可能已經患上了嚴重的精神情緒毛病，尤其是抑鬱症和精神分裂症。

換句話說，是嚴重的精神問題把這些年輕人殺死了，倘若我們能夠及早發現出現精神情緒問題的學童，讓他們得到適當的治療，不必要的死亡是可以避免的。

從理論看，若精神科護士到校能夠做到有深度的精神健康教育，讓同學、老師和家長對常見的精神病理現象有足夠的認識，令他們掌握足夠的技巧去發現自己或身邊的人有精神情緒問題，懂得跟懷疑有問題的同學聊天，以進一步確定他是否有問題或有甚麼問題，以及到哪裡去求助或找誰幫忙等，這將有效提升師生對精神病的敏感度，令患者可以及早被發現，以及消除有關的歧視和偏見。

然而，這不是把所有師生齊集禮堂聽一兩小時講解便能做的事。

要全校師生認識精神健康，可能需要一連串有不同程度、層層遞進的活動，而且每個學生接觸的時間可能要十數小時。

另一方面，精神科護士亦可協助評估和轉介已出現問題的師生。問題是一個護士怎去照顧近千師生呢？倘若服務的安排是每月或每星期到校一次，每次停留半天，他能發揮的空間實在太少，只會淪為櫥窗服務，告訴世人「我有做嘢」。

無論在精神治療或復康服務的領域裡，精神科護士的人手也嚴重不足，把人手送到學校去，治療及復康單位便更加捉襟見肘了。

最有效及早發現師生的精神情緒及行為問題之法，莫過於大型及持續的公共精神健康教育，有系統地通過不同媒介、不同形式，讓每位市民都認識精神病，同時消除歧視，增加關愛，教育發現自己有精神病就像發現自己有高血壓一樣，不用持久掙扎，應立即尋求治療。

及早找出病者，同時也得令其及早得到治療才有意義。護士發現學生病了，轉介到公共精神科門診，卻要等數十個星期才能見醫生，這樣不友善及脱節的安排也是於事無補。

* * *

精神解剖研究告訴我們，約六至八成自殺死亡的青少年，在其行動的一刻，極可能已患上嚴重的精神病，最有效預防青少年輕生的方法，就是及早找出及治療有精神問題的學童。

留意以下現象，家長或老師便可及早發現青少年的精神情緒及行為問題。

當精神病出現，病者的行為、情緒、思想語言及學習、工作表現也會有明顯改變，而這個轉變往往令病者的正常生活如學習、工作、家庭生活、人際關係及日常作息也受影響，又或者為病者或其他人帶來痛苦，不少家長都會這樣形容一個病發的孩子：「他像變了另一個人似的！」

只要我們多花時間跟孩子相處，留意他們的生活作息，便很容易發現孩子的異常現象。

當孩子無法或要花很長時間才能入睡、睡不穩或經常醒來、噩夢連篇、比平時早了一兩個小時醒來、早上起來沒精打采，以及白天感到非常疲倦，這些徵狀都在告訴我們，他可能有精神緊張、焦慮、抑鬱，或其他嚴重的精神問題。

焦慮及精神緊張教人難以入睡，患抑鬱症的人除了難以入睡，更常見的是比平時早一兩小時便醒來，間中也有抑鬱症患者要睡得比平日多。

患上躁狂發作的人並非無法入睡，只是他的精力過於充沛，不用睡覺。若只是失眠一、兩個晚上，跟著恢復正常，家長也不用因此而過分擔心。可是，倘若孩子連續一、兩個星期，差不多每個晚上也睡得不好，加上有其他行為和情緒異常，便極可能已有需要立即處理的精神問題了。不少家長會忽略孩子的失眠問題而令孩子的情況惡化。

食慾不振、噁心及腸胃不適，常在焦慮症和抑鬱症患者中出現。也有焦慮、抑鬱的朋友會將不安轉化為食量，因為吃的確可以令人感到愉快、開心。因為胃口差，通常體重也會下降。

一個活潑好動的孩子忽然或漸漸變得很靜、不說話或說很少，甚至拒絕跟家人及同學交往，功課和學習也因此明顯退步了，小心孩子已出現了焦慮及抑鬱徵狀。

同樣一個平日很安靜的孩子忽然說個不停、自吹自擂，他便可能已患上躁鬱症了。

若孩子無故哭泣又說不出因何而哭，或無故發笑，這可能是患上精神分裂症的徵狀；當患者出現幻聽，他可能會對著空氣聊天呢！

*　*　*

本港家庭，通常只有一、兩個子女，而父母、祖父母等希望都放在這一、兩個孩子身上，他們承擔著很重的擔子和壓力，父母也不容有失，一、兩歲開始便要孩子參加各種課程和學習各種技能。學校也要每個學生有所表現，一旦表現倒退，老師或校長便可能說：「我們的學生個個都要有表現的，你在這裡未能發揮，最好找別的學校試試。」

一旦學童的表現未如理想，老師和家長都會向學童施壓，卻不是先搞清楚甚麼因素令他失準，也從不考慮學童不是蓄意令自己表現失準，他可能已經盡了最大努力，可後果卻強差人意。這時孩子已因自己無法令父母或老師滿意而感到沮喪，若此刻再加上父母、老師責罵，他所受的壓力也實在太大了，大大加重了患上焦慮與抑鬱的風險。

學童的表現倒退，可能在告訴我們，他的精神狀態有著很大的變化，若只專注處理其學習表現而不及時處理其已經顯露的情緒問題，便可能導致輕生的念頭萌芽。

嘉俊在一所名校唸書，中一到中三的成績都很好，到了中四下學期，他考試、測驗的成績倒退，老師指他心散，父母指他無心向學，沉迷打機。他卻無論怎樣努力，也未能專心做功課或溫習，他不明白自己的能力為何一下子消失了，還有兩年便要考文憑試，以這樣的狀態去準備，他感到凶多吉少，將來無法升大學，一生也沒有希望，想到這裡，他就感到對不起父母，也覺得自己沒有用，躲在被窩裡哭了十多個晚上。很多時他早上四、五點便醒來，無論怎努力也無法再入睡，他總是無法阻止自己去擔心。

一次數學測驗，他望著試卷發呆，無法專注去答任何題目，一生中第一次拿了個零分。老師嚴厲批評了他，他感到無面目再見父母，下課後他發了幾個簡訊給父母、老師和要好的同學，走到學校後面僻靜無人的山坡上，望著懸崖哭個不停，幸好一個路過的退休救護員把他帶到急症室去……

醫生把他轉介精神科病房，立即著手治療他嚴重的抑鬱症。四星期後，他的情緒好轉，出院了。兩年後文憑試放榜，他考獲四科 5** 的成績。

若他不是在跳崖前被一個退休救護員發現，便可能成為報載的其中一個輕生的學生了。

* * *

旺國在新學年開始，像變了另一個人似的。往日他害羞、很少在課堂上表達自己的見解，除了喜歡跑步，對其他運動也不感興趣。他喜歡在午飯後躲在圖書館看書，面對同學間出現爭論，他總是不知所措。

這兩星期，在任何地方，他總是說個不停、口沫橫飛。他告訴父母和姊姊，他進入中四最好的一班，將來文憑試一定可以拿到好成績，上哪所大學也沒問題。過了一星期，他對姊姊說：「班裡的同學學習態度很差，不備課，也沒留心上課，做練習時又不小心，老師警告他們，他們卻像若無其事……」

姊姊要去健身房做運動，為了把話說完，他也跟著去。她在跑步，他在旁邊的跑步機上，邊跑邊說個不停，說得快又響亮。她不耐煩地說：「你可否專心跑步別說話？你這樣說個不停很騷擾。」

他賠了個不是，安靜急促地跑了幾分鐘，開始逗旁邊的一位年輕女士說話：「小姐，你好Fit呀！全身沒有半點多餘的脂肪，你一定每天都來做運動。」

她微笑，有禮地回應：「謝謝讚美，從前我是很胖的，每日來跑一小時，一年後便變成這樣。」

他繼續跟女孩聊天，後來知道她是鄰校的中五生，他知道了她的名字後，便不客氣地說：「我的手機號碼是62×× ××××，立即打給我，我便有你的號碼，以後可以約你一起做運動。」

那女孩真的打電話給他，還笑說：「你把手機號碼高聲說出來，整個健身房的人也聽到了，若他們一起打電話給你，你怎認出哪個電話號碼是我的？」

女生要走了，他也跟了出去，大概跟她說了些甚麼，她回頭笑著跟他道別。

晚飯時，爸爸說：「近年香港的零售業不景，我的收入會大跌，大家要節儉才可捱過緊日子。」

旺國立即回應：「爸，經濟差才是大好機會，我們可以放棄那地鋪，改為網上銷售，這是未來趨勢，守著那殘破的鋪，終有天執笠……」他不知道說話令爸爸不滿，還要繼續說。

爸爸瞪著他冷道：「沒有這鋪，你恐怕一早餓死街頭。」

他拉著爸爸繼續辯論，過了午夜還是說個不停，爸爸求他：「晚了，你就讓我去睡好嗎？」他立即說了句對不起，回到睡房去，爸爸也趁機走進睡房，把門鎖上，怕他闖進來，不能入睡。

旺國回到學校後，成為一個極受歡迎的人物，無論走到哪裡，總有一大班同學圍著他，他的快樂能感染別人，他高談闊論，說話幽默風趣，出口成文，令同學們開懷大笑。

上課時，老師每講了幾句，他便舉手發問，問了幾次，老師不耐煩地說：「別再問那些愚蠢的問題，你這樣做會嚴重干擾其他同學上課。」

他立即賠不是：「對不起，發問只想令教學變得更互動和有趣。若你不喜歡，我會安靜些。」

過了一會，他又舉手發問，老師這次發火了：「再問你給我站到課室外。」他再次道歉，坐下來。

不一會他又發問，然後自己走到課室外面去。

吃午飯時，同學們的話題是應否在學校討論「港獨」，同學們都同意這是言論自由，甚麼也可以討論，學校也不可以藉校規去干預同學的言論自由。

他立即說：「港英年代沒有『港獨』，前兩任特首管治期間，也不曾出現『港獨』，但來了個梁振英，『港獨』的存在便正式被他的《施政報告》確定了。跟著中央官員、高官及建制要員也不住將『港獨』掛在嘴邊。其實CY用上了一個譴責的方法去令『港獨』蔓延強大。」

「同樣他也用了融合不同意見的方法去撕裂香港，令香港正式步進超級多元的年代。新當選的年輕立法會議員，別以為他們是泛民、建制外的第三種力量，其實他們個個不同，並不能歸納入任何類別，可以是知其不可為而為之的理想主義者，也可以是借本土為名排斥他人的極端保護主義者，又或者是個機會主義者，又或者甚麼也不是……」

「若給梁振英做多一屆特首，以他的為人，一定會再高調以反對的方式去抬高『港獨』，那時香港民族自決、時代革命，他便可成為開國之父，萬世流芳。」

「假如我是中央，我才不去理會你會否獨立，因為條件上根本做不到，更何況，到了那一天，蒼茫大地實在不知誰主浮沉。」

「中國國土，合久必分，分久必合。合未必是好，通常是要經過戰亂，生靈塗炭，百姓活在水深火熱之中。分也未必是壞，南宋偏安造就了繁華的江南，香港給大英帝國殖民主義者侵佔了，憑一個彈丸之地成為世界奇迹，台灣分治也造就了盛世及可以民選總統的地方……」

上課鈴聲響了，他還是說個不停，不准同學離開。

旺國的情緒愈來愈高漲，說話也愈多愈響亮。

上課時他再也無法安坐，要站起來或在課室散步，又或者不停地說話。

他說話時生動有趣，引經據典，比老師講課更精采，問題是他嚴重干擾了課室秩序，只好給罰站課室外或被迫去見學校社工。

他成為老師和同學的取笑對象，他認為自己看得比別人遠才被排斥。

他跟老師吵架了，批評老師教學質量差。

在家他又不用睡，半夜裡打開電視機，大聲笑罵，把全家都吵醒了，爸爸罵道：「你不睡，別人也要睡，可否半夜裡安靜點？」

他不想令爸爸生氣，只好乖乖躲進睡房，無睡意，隨意上網，看了一段新界圍村村長更正候選議員言論的短片——不是「官商鄉黑」勾結而是合作，他感到非常氣憤，他覺得良好的司法制度被這些自私的人破壞了。

他立即在網上寫了數千字的文章以抒見解，卻寫到早上要上學了還未寫完。

他只好匆匆停筆，先上學去。時間太緊逼了，他跳上一輛的士，沒想到司機開車後便大罵那幾個新當選的年輕議員：「還未戒奶就當議員，甚麼經驗也沒有，最拿手的不就是拉布。」

他聽後很生氣，跟那司機辯論起來，後來司機也生氣了，把車停在路肩上趕他下車，但他不肯離開，更推撞了幾下，最後司機報警。

精神科病房內，他仍舊說個不停，聲音也沙啞了。

他更在病房裡煽動群眾，對抗不讓他出院的醫生，場面鬧得不愉快。他被束縛起來，口中仍唸唸有詞地罵。

五星期後，他的情緒回復正常，可以回家了。

回想起來，他覺得自己三年前也曾有過抑鬱徵狀，不想吃、成績急跌、睡不著、想過了斷自己，有時他也想振作起來，積極了幾天又再消沉。如是反反覆覆，過了一個暑假，他好像康復了。

在網上看了不少關於躁鬱症的資料，他知道自己可能要終身吃藥，最初他有點不開心，後來回到學校上課，見自己的體力和專注力也沒變，他才接受自己的病。

青少年出現情緒問題，最先出現的是身體和行為現象。若父母、老師能細心留意，不少情緒病是可以很早被發現的，及早治療可大大減少因久病而來的破壞。

開學了

踏進九月，清早的街道上已擠滿了校車。巴士站和港鐵車廂也擠滿了學生，交通工具上的人均年齡也急跌了二、三十年。

芸芸學生中有個叫阿德的小一生，穿上大了一號的新校服，背著重重的書包，還要拿著一個大水壺和一個飯壺，個子矮小的他看來很吃力。天未亮，他便跟在媽媽後面，走路上學去。

媽媽送他到學校門口，對他說：「進去吧！放學後婆婆會來接你回家。」她望著阿德走進學校，邊走邊跟同學聊天，她心裡欣慰。

到了兩歲他也不曾說話，別人叫他，他也不回應，那時醫生認為他患有自閉症，他的語言和社交能力沒有成熟發展。到了三歲，他仍然不說話，在學校上課時總是無法安坐，走來走去，每隔幾天老師便要見家長，向她作出種種投訴，並威脅說：「看來這裡不太適合他，最好還是為他找別所學校……」

爸爸每天都罵：「這個孩子沒有用，到了三歲連爸爸都不懂叫，養大了也是浪費米飯。」爸爸要抱他，他把爸爸推開，爸爸說：「你發甚麼脾氣？連給爸爸抱一下也不肯。」說罷一巴掌摑過去，阿德沒有哭，只是怒目對著爸爸。

第二天爸爸下班回來，發現雪櫃裡的啤酒全給打開了，他的領帶都被剪碎了。爸爸以粗話大聲喝罵，阿德卻望著這個氣瘋了的爸爸洋洋得意地笑起來，爸爸瞪著他說：「一定是你幹的好事！現在就讓你知道做這些事要付出代價。」

說罷，爸爸拿起地拖棍，向阿德重重打下去。媽媽撲過來阻止，可已來不及了，啪的一聲，阿德失去知覺倒在地上，前額在流血。

媽媽搶去爸爸手中的地拖棍說：「你這樣會打死他，他的頭在流血，又不省人事，快叫救護車把他送到醫院去。」

爸爸卻說：「這麼麻煩的孩子，打死了更好，以後眼不見為淨。」說罷他頭也不回地走了。

媽媽把阿德送到醫院，照了電腦掃描，發現他的頭骨裂了，媽媽對醫生說：「這個孩子很頑皮，他從上格床跳下……」

那天起，爸爸離開了這個家，媽媽則辭了工，全心全意照顧阿德，帶他接受語言治療、社交及專注能力訓練。兩年後，他說話能力愈來愈好，她喚阿德，阿德會望向她作回應，同時他也能夠安坐看書或做作業。醫生評估認為他現時除了較心散，其他跟一般孩子沒有兩樣。

他上小學後，媽媽便出來工作，希望多賺幾個錢，日後供他上大學。

迂迴的路

沉迷上網幾年了，連文憑試也沒好好準備。父母見我那麼懶散，該很擔心吧！爸爸卻說：「別擔心，你已盡力，考得好不好還要靠點運氣。」

媽媽說：「早點睡，別逼自己，人生的出路可多著呢！」

他們的鼓勵，讓我聽出了他們的擔憂。

開考前一夜，我叫自己不要打電動，早點去睡，整晚卻在床上輾轉，天未亮便起來，呵欠連連，心裡想：「這樣去考試必定凶多吉少。誰教自己沒有好好溫習呢？好歹也得面對這人生的重要關口。反正入大學的機會渺茫，就好好應考，看看沒有溫習的我表現如何！」

曾經想過，倘若給我多一年時間便好了，我一定把握機會，努力溫習，多做模擬試題，也許這樣可以讓父母安心。

另一個我卻說：「多給你十年也沒有用，你只會努力打機，到頭來一樣沒有好好溫習，你只曉得浪費青春。」

中文、英文、通識科都考完了，題目比想像中容易。

再過兩星期便完成最後的選修科目，接著就是漫長的暑假。我得細心想想怎樣度過暑假。

我不像其他同學，他們知道自己一定會上大學或者可以讀個副學士，然我家的處境並不容許我這樣做，我還有兩個唸中學的弟弟，父母加起來的入息僅夠一家餬口，連我身上的校服也是鄰居送的。

既然不能上大學，便立即開始工作，然後明年自修重考。想到人生不再有選擇，反而踏實了很多。所以我決定隨便考畢文憑試，便立即找工作。倘若幸運地能上大學，便趁這幾個月賺些學費和生活費；倘若沒有大學取錄我，我便只好繼續安安分分地工作，我不會怨這個社會不給我機會，也不會怨父母住公屋做樓面不能供我進修其他課程，要怨的只可怨自己這幾年的不思進取。

像我這樣的年輕人也許不少，不同的是他們整天捱罵，就只有我較幸運，父母即使不滿也不會罵我。

我知道自己該努力，只有這樣才能夠脫貧，讓父母年老後可以過安樂的日子。

「盡力而為」這四個字的確令人紓緩起來，每晚躺在床上，我都跟自己說要「盡力而為」，很快我便能呼呼睡去。

轉眼便考完最後一科，當同學們在討論到哪裡遊玩時，我卻在一旁斯人獨憔悴，我想我該立即寄出求職電郵。我喜歡做售貨員，不用一星期便找到一份售賣女性內衣的工作。工作後，我發現自己喜歡工作多於讀書，上班見到很多不同的人，我希望可以繼續工作。

我有了工作和收入，爸媽都舒了一口氣，他們以為我很生性，努力賺取上大學的生活費。但其實我心裡盤算的可是另一回事：既然文憑試未盡力，一定考得不好，且又沒興趣讀書，不如早點工作。

時光匆匆，炎夏轉眼到了，文憑試放榜，我請了一天假回校取成績單，順便見見班主任和同窗六年的好朋友，這次見過面之後便各奔前程，實在不知何日再見。

班主任見到我便前來握手，向我祝賀，我感到莫名其妙，原來我有三科拿了「五星星」，其他科目也有不錯的表現，是今年全校成績最好的一個。

拿到這樣的成績，我的心很亂，原來的想法要改變了。一位同學對我說：「報讀酒店旅遊，大概可以如願了。」

我緊皺眉頭：「真是意外，從未想過會有這樣優異的成績，我還以為只能剛剛及格，沒有大學取錄我便一心一意工作。」

班主任也對我說：「這成績足夠讓你上大學，若你放棄上大學實在非常可惜。有個學位，將來的出路也較好。現在就工作，沒有學歷，可能永遠也只能當最低層的員工。」

爸媽為我的成績感到非常高興，爸爸說：「你喜歡讀甚麼都可以，選讀你喜歡的學科，成績一定會更好。」他們那麼高興，若我告訴他們，我只想繼續工作，不想唸書，對他們來說不是太掃興了嗎？

最後，我只好跟著主流上了大學，總不能讓父母的投資化為烏有。

暑假結束了，我告訴同事我要上大學去，他們都投以羡慕的目光，那一刻我才知道，原來拿到好成績入大學是件很難的事，而他們的文憑試成績都是差強人意的呢！

我得好好珍惜我努力的成果，先上大學去。幸好，老闆建議我「上了大學也可回來兼職」，這個提議真是完全合我心意。學習輕鬆，沒有太大壓力，每星期只有三天半要上課，其他的時間我做兼職，生活可算自給自足。

時光匆匆，雖然我只是隨便上課和做論文，最後也順利畢業。老闆知道我不用上學後，告訴我：「公司將要加開分店，希望找個店鋪經理，你的經驗豐富，所以邀你為店鋪經理，月薪至少……」

當時大學畢業生的月薪普遍只有萬多元，但我的月薪比他們高兩、三倍。這不是因為我上了大學，而是因為我的工作經驗。有同學揶揄我：「早知道便跟你出去賣胸圍，累積了足夠經驗，可以做店長。不然大學畢業才工作，永遠只能做公司裡的低等動物！」

無聊過一生

招向陽是家中獨子，父母外出做生意，把他留在四川鄉下，跟爺爺嫲嫲同住。下課後，不是到田裡幹活，便是跟著一大班孩子往山上走、往水裡游，日子過得無憂無慮。

他只有一個簡單夢想，在鄉間唸完高中，便在鎮裡的中學教書，最好能娶得同班的美玨做妻子，但這一點他沒有把握。美玨希望跟媽媽到上海讀書，然後到美國上大學，留在那裡生活不再回來。

他十歲那年，爺爺、嫲嫲相繼病逝，他只好隨父母到深圳住，那時他的父母投資股票和房地產賺了不少，向陽因為在深圳沒戶籍，讀書和看病都很麻煩，為了讓向陽得到更好的教育，父母便投資移民到香港。

家住西九龍千方呎豪宅，有自己的房間，他還是很不開心，總想念著鄉間的生活，看得見的地方都是他的花園，整條河都是他的游泳池，還有一大班經常一起玩耍的朋友。

在香港，他整天都被困在屋裡，只有印傭跟他一起，父母周末才回來。他擁有先進的電腦、光纖入屋的寬頻，但也無法聯絡他鄉間的朋友。上學對他來說是一場噩夢，他不懂廣東話，普通話也說得不太好，英語更是一竅不通。同學和老師也樂意協助他，跟他一起聊天時經常鬧出很多笑話。

即使他不喜歡在香港生活，但適應得很好，一年之後已說得一口流利的廣東話，成績也達至中上水平。

升讀中一，他的成績突然好起來，文憑試拿了幾個 5**，同學和老師勸他報讀醫學院，可他跑去唸哲學。

唸了兩年，他覺得大學的學術氣氛太差了，他向父母表示要停學，讓他可以專心思考活著的意義，也因此跟爸爸吵了起來，爸爸不滿地說：「叫你讀醫你不讀，我已讓你選喜歡的科，你到今天居然想停學……」

他不理父母反對，第二個學期便不再上學去，整天躲在家裡，甚麼也不做，上上網、打打機又一天，後來更顛倒了日夜。

父母逼他往加拿大繼續升學。在那裡呆了三年，快畢業了，他卻不肯考試，不交論文，然後回來了。

回來後情況更差，他足不出戶，只上網，爸爸逼他工作，他卻說：「爸，做人不一定要工作。」

爸爸問他將來有何打算，他回應：「沒甚麼打算，無聊地打發日子就是。」

* * *

向陽轉眼快三十歲，留在家上上網，看看書，又一天。

爸爸的生意愈做愈大，近日還上市了。

爸爸要求向陽到公司上班，好歹也有工作和收入，才能在這跟紅頂白的社會交朋結友，建立自己的地位，有了一個大的社交網絡，日子才會過得更好。

向陽對爸爸說：「就算我不工作，現在的生活不是也過得很愜意嗎？工作的目的是為了生活，既然不用工作也可以過豐足的生活，卻仍然逼自己去工作，那是違背了生命的意義。明明沒需要工作，每天仍花三分一時間上班，這根本是浪費生命，我們應該把生命用在更有意義的事情上。」

爸爸氣得臉紅耳赤：「向陽呀，你自加拿大回來，呆在家已七、八年了，難道這就是有意義的人生嗎？我只擔心你將來跟別人競爭時，會發現自己一事無成而後悔今日沒有把握學習和工作的機會，那時後悔已經太晚。」

向陽說：「我和一班網上的朋友經常吹噓自己如何了不起，卻從來沒有人會認真考究自己是否真的那麼能幹。所以只要懂得自吹自擂，便足夠令人覺得自己有很大的本領，得到別人的尊重，為甚麼還要寒窗苦讀、捱更抵夜、透支生命與體力！」

「即使二十幾歲便當了發明家，令宇宙探索有了新路向，十八歲拿了十個奧運金牌，大學未畢業跑去金鐘睡了個多月馬路，為了革命及理想拋頭顱、灑熱血，跑進立法會去搞議會對抗，又或者像你一樣創造了百億王國又如何？」

「生命一樣會有盡頭，死後十年，已經沒有幾個人能想起你的名字，你的輝煌事迹恐怕亦早埋火山灰下的千年古城，留待後人發掘。不論你努力或不努力，百分之九十九點九的人死了之後，也不會被發現他曾在這世上存在過，被人記住的又有幾人名留青史、幾人遺臭萬年？」

「為甚麼勤奮學習及工作、人生目標清晰、能賺很多錢、擁有積極人生、甚至把別人的東西搶到自己手上才得到肯定景仰？難道平平靜靜與世無爭，只求不為這地球製造更多問題，便是不正常，要看精神科醫生？」

「十五歲為革命而死或可留碑公墓，但他還沒有真正活一場。假如他能看到自己若不曾死掉的幾十年可以怎樣多采多姿，他可能會考慮不讓自己的名字刻在紀念碑上。可人生無奈，都不是自己可以決定的，若有選擇的自由，那便已近似上帝了……」

向陽說著，爸爸早已在沙發上睡著了。

＊　＊　＊

向陽跟爸爸的相處，似乎早已習慣了某種模式，爸爸開口便是叫向陽工作或搬出去，自己養活自己，向陽一如以往地立即反駁爸爸他不用工作也能生活的一大堆道理。爸爸沒耐性聆聽，不消兩分鐘便想別的事情去，或者累得睡著了。

這樣的相處模式差不多每次父子倆一碰面就會重演，向陽對爸爸說：「爸，每次跟你碰面，你都說著相同的話，問相同的問題，你不覺得悶嗎？」

「我把相同的話重複說了不知百遍，連嘴巴也起了厚繭，可你總是不聽，你既然覺得我煩，以後不說就是。」爸爸無奈地回應。

可過了一會兒，爸爸又說：「哪有人一生也不工作？你這樣整天無所事事，不覺得無聊嗎？」

向陽回應：「能夠不用工作地活著是一種幸福啊！無聊地活著，無憂亦無慮是更高層次的幸福。世上像我一樣的人也不少，一個跟我很要好的香港大學同學，畢業後便結婚，後來丈夫被二奶謀殺，她便不再上班，連兩個兒子也不顧，整天躲在家裡織布，是她在一個復康中心學的玩意。」

「我問她：『這布買回來也只花一百幾十元，為甚麼要花這麼多時間去織？』」

「她笑說：『織梭在記錄著我生命的故事，看似燦爛複雜，事實卻如白布般一無所有，橫直機理不過是塵土上的足印。』」

「我還有一個同學，中三已被趕出學校，中三作文寫《我的志願》時，他寫道希望一生也不用上學和工作，任何時間都在四處旅行。離開學校後，他每天起來，拿著爸爸送他的照相機四處去，長大後因政府收回他住那條村的農地而獲得不少賠償，他便開始他的旅行生活，去到哪住到哪。」

「我問他：『為甚麼……』他回應：『生命的目的不是去問為甚麼，而是全心全意去做自己喜歡的事！』」

「還有我那個家裡搞地產的同學，他一生只追求敬拜上帝和研讀《聖經》，大學畢業後十多年來從未上過班。彷如昔日的紈褲子弟，每天捧著鳥兒上茶樓過日子。」

「還有一些際遇更糟的朋友，無論他們如何努力也找不到工作，靠社會保障過日子……我還是覺得，倘若不需要工作也可以活著，勉強自己去工作便是罪過。」

爸爸拉長了臉說：「我養你，給你錢，你才那麼意氣風發。看看我把你趕了出去，要靠自己時，你還會不會那麼自負！」

向陽跟老父的爭吵愈來愈激烈，媽媽非常擔心父子倆有一天會打起來。她嘗試調停父子的爭端：「你們吵了整個晚上，不累嗎？一人少句，家和萬事興……」

向陽不想她擔心，總會安靜地躲進房去，爸爸卻還在喃喃自語：「都三十歲了，從早到晚躲在家裡，不肯工作，這樣下去還有甚麼前途？」

媽媽笑著回應：「這孩子只是不想工作，家裡又不是要他工作才有飯開，你便由他做自己喜歡的事吧！」

爸爸有點激動：「他賦閒在家快十年了，再這樣下去成了習慣，我擔心他會連大門口也出不了去。」

「也別太擔心，你回內地工廠時，他也會出外見朋友，又或者到會所做運動。閒來他除了上網，還會看書，近日更在網上聽名人演講，別擔心，他不是你想像中那麼差。」她安撫過丈夫後，心裡也實在很害怕，她擔心自己對兒子太慈愛，到頭來真的害了他。

媽媽的勸導只能令這個家和平了數星期。見向陽像個隱逸的青年般，躲在家裡過著無欲無求的生活，爸爸按捺不住：「向陽，你得找點事做，到工廠去幫我，或者自己到外面謀個差事也可，不能每天都游手好閒，這樣過日子不悶嗎？」

向陽回應：「我不是說過工作是為了生活，不用工作也可以生活，那便不應工作，將賺錢的機會讓給別人，看來我們又要重複探討了多年的問題。」

爸爸回應：「既然你要為了生活才工作，好的，現在開始我不再給你錢，你得搬出去住，衣食住行你得自己想辦法。明天你去找個住處，我不會承擔租金。或者我們分開住，會少一些爭執，大家的關係可以好一點。」

「你這樣做會破壞我生命裡最重要的計畫，也可能令人類得不到更快樂的概念。這些年，你以為我真的甚麼也沒做？我看了不少書，也聽過不少人的演說，我希望從中找到人類可以不再為了無窮的慾望而拼個你死我活的方法，只有這樣人類才可永遠享有和平，才會對地球和其他物種更加尊重。爸爸，多年來我也在思索活著的意義，你這樣要我搬出去和工作，會令我再沒時間去思考人類在生活上的出路。」他說。

「我的看法跟你不一樣，你整天躲在豪宅裡閉門造車，所有想法都很雲端，要你自己出去闖，就是讓你從雲裡走到地面……」爸爸笑著回應。

向陽以為爸爸在跟他開玩笑，沒想到爸爸每天催他：「還不趕快搬，你的房子要收租了。」

向陽心裡充滿了傲氣：「好的，我會盡快搬，搬了出去便不打算回來，你可別後悔。」

他立即出去找房子，希望找一套七、八百方呎的公寓房，一個人住會很舒服，他又希望房子靠近父母，衣服可以帶回家洗，又可以經常回去吃飯，不用每餐吃即食麵。

到地產經紀處一問，他嚇呆了，在這區一個七、八百方呎的房子，每月租金要四、五萬元，還要交數千元的管理費。他最初以為這樣的房子月租只需七、八千元，地產經紀說：「七、八千元只能租一間百多方呎的劏房。」

他發現自己跟這世界脫節了，他的積蓄只有十多萬元，不可能租七、八百方呎，只可租劏房。

隨便看了一間，有窗向內街寧靜的房子，月租六千八，經紀說這類房子可遇不可求，很多人找，若不立即決定，很快便會租了出去，他不作他想立即把房子租下，一個月按金、一個月上期，再加一個月佣金，一下子便花掉了兩萬多元，他覺得自己太天真了。

房子離父母很遠，乘車也要半小時，回去吃飯也太遠了。「好歹也得住下去，絕不能讓爸爸看扁。」他想。

搬進去第一天，他發現幾個鄰居都是衣著性感的年輕女士，且有不少色迷迷的男人去探訪她們。

若他下午留在房子裡，兩旁和樓上的單位，從中午到午夜，淋浴和抽水馬桶的聲音總是響個不停。

當淋浴的聲音遠去，接著就是節奏不一的大床搖動和撞擊地板或牆壁的聲音，和著呻吟與沉重的呼吸聲。一天總有幾次有陌生男人按門鈴，直到凌晨二時才安靜下來，他才可以入睡。

過了幾天他也沒有回家，他發現樓梯口有叫外賣的電話號碼，想吃甚麼只需打個電話，而且一頓飯連飲品也不用五十元，比起乘車回父母家，一來一回也得花上三、四十元更划得來。

媽媽見他整個星期沒回家，心裡很掛念，終於忍不住，帶著傭工去看他。

走到那些殘破舊樓群中，她感到路人不友善，見到大廈門口的紅色及紫色霓虹燈，她的心跳加速，感到很奇怪，為何有些男人從後走到她前面，回望後便帶點失望的眼神走開。

媽媽進入房間，坐在唯一的椅子上，傭工只可站立，此時左邊傳來一陣急速撞擊的聲音，還有女人的呻吟，右邊淋浴的聲音又響起了。她忍不住流淚說：「向陽呀，這地方不是人住的，回家去吧！」

向陽立即安慰媽媽：「媽，別擔心，我會漸漸習慣，我在加拿大上學時，也不是獨個兒住嗎？我相信自己可以應付得來。這樣就搬回去，會給爸爸取笑的。我要證明給他看，沒他幫助，我也可以活得好。」

這時又有人按門鐘，向陽開門，一個中年男人有點意外，說：「有無搞錯，這裡竟然有男人……」

媽媽見到這情景更害怕：「向陽，還是搬回家吧！整天被那些不三不四的人騷擾，看見便覺難受。只要我跟你爸說幾句，他不會再要你搬出去。」

向陽送媽媽到樓下，見她上了車，才回房間去。他開始上網找工作，他一生中從未找過工作，也從未工作過。找工作對他來說是個極大的考驗，他發現所有工作都要求有份履歷，三十多歲才第一次準備履歷，他感到不知從何入手。幸好有互聯網，上網一查，便找到履歷表的樣本，改了內面的姓名及資料，便成為自己的履歷表。

寄出近二十個求職電郵，終於有回應了，要他下星期去面試。他又擔心了，到底面試前要準備些甚麼？要穿甚麼衣服？他們會問甚麼……很多問題令他難以入睡。

起來打開電腦上網去看看，約見他那份工是做電器店營業員，大概都是考考英語和普通話，他相信自己可以應付。

他穿上牛仔褲、T恤依時出發面試，他的英語和普通話應對做得很好，連那個店鋪經理也稱讚他，然後她問：「為甚麼在香港大學讀了兩年便不繼續下去？還有你在加拿大的大學也唸了三年，為甚麼最後沒有畢業？」

他坦誠地說：「老師教得不好，上課好像浪費生命，我寧願留在家裡看書。」

「還差少許便畢業了，為甚麼不堅持多一會？」

「我覺得大學畢業也沒甚麼了不起，不想再讀，便停下來。」

「這些年你幹過甚麼工作？」

向陽不知如何是好，告訴別人甚麼也沒做？但這樣等於叫別人不要聘任自己。想來想去，最後還是誠實作答：「我只是想呆在家裡看書及思考活著的意義。」他這個答案令面見他的幾個人也忍不住大笑。

招向陽搬到劏房住已半年了，看銀行戶口積蓄每個月下降，再過十個月，所有積蓄便花光，他只好像樓上的叔叔一樣搬到天橋底住，帶著兩個拾回來的衣櫃加上一大塊紅白藍膠布，建起了防風雨的居室。

冬天時雖會較冷，卻比劏房清幽，且經常有熱心人士前來派毛氈或飯盒。他去探過伯伯兩次，覺得那地方也可以住一會，問題是沒有電，手機和電腦也不能用，很快便跟網友隔絕。

不是他不努力，半年仍未找到工作，他開始擔心了。他甚麼工作也想試，然他從未有過工作經驗，僱主都不敢聘用他。

走過鄰街的茶餐廳，見玻璃窗上貼著招聘兼職清潔工的街招，他立即進去試試，有二、三十張檯，卻只有一個收銀、兩個企堂和兩個廚師，所有清潔工都是兼職的。

老闆看了他的身分證，便叫他立即上班，若他喜歡，可以一星期工作五天，每天七小時，薪金每小時五十元。他立即開始工作，清潔整理堆得像個小山丘的碗碟。到了午夜，他拿了三百五十元的薪金，拖著痠痛的軀體回到劏房去，太累了，還未洗澡便睡著了。

醒來已近中午，為了省下吃飯的錢，他主動要求午市前開始工作，這樣他可以在茶餐廳吃午飯和晚飯。問題是他每周工作五天，所賺到的錢也僅夠交租。這已經很不錯了，他很努力工作，工作量愈來愈大，不但要洗碗，還要拖地、洗廁所，只有每餐吃飯的幾分鐘才可稍作休息。

每天工作得這樣疲乏到底為了甚麼？他不住問自己。住父母家時他可以高傲地說：

「工作的目的便是為了生活！」他已活得不錯，因此不愁找工作。搬了出來，事事要靠自己，他得很努力工作才勉強可以餬口。

媽媽總是叫他回家去，他每次也婉拒了她。他那時活著的意義是靠雙手去賺取自己的生活所需。

又過了一年，茶餐廳敵不過大幅加租要結業，他失業了。一年的磨練令他聰明了，且有了一年工作經驗，找工作比前輕鬆得多。一個星期裡他去了十多個面試，他找到一份流動物流管理員的工作，職位名稱很好，且工資也不錯，沒想到他真正的工作是搬運雜工。

每天要送幾百瓶蒸餾水，他感到自己像掉進一個榨汁機裡，每天被榨乾所有力氣才睡覺。為了生活，無論多辛苦他也撐著……

向陽做了幾個月搬運工人，皮膚曬成古銅色，全身都長了肌肉，可他不喜歡這樣勞碌，沒有時間享受人生。他生活穩定了，便希望有一份更舒適、更高收入的工作。找了數星期，終於找到一份便利店夜間營業員的工作。

他喜歡白天睡覺或做運動，到了晚上才上班去。晚上顧客不多，店裡清靜，他甚麼也不做，很喜歡獨自一人的感覺。

在便利店他遇上了人生中第一個投契的朋友，也是他的第一個女朋友。

她比他大三歲，中三開始便無心向學，中四被學校趕了出來，父母逼她找學校繼續唸書，可是她不喜歡上學，她對媽媽說：「別逼我，我不喜歡上學，我只想盡快出來工作。」

「你沒有學歷也沒有經驗，你可以做甚麼？賺的錢少得可憐，連交租也未夠，做足一世也不會夠錢買樓！」她的媽媽說。

她立即回應：「我從未想過買樓，我到便利店工作，收入足夠我住劏房，剩下的錢每年還可以去一兩次旅行。」

「將來你結婚生仔怎辦？做便利店的收入連孩子也養不起！」她的媽媽說。

「結了婚我們可以一起到便利店工作，一起住劏房，等上公屋。孩子接受免費教育……」她回應。

說起這些事，他們都笑個不停。「真不明白為甚麼一定要買樓！」

她搬到他的劏房住，兩人一起住，第一個協同效應是省回一份租金，還有兩人一起吃飯，每餐可以有更多選擇。

不知道哪裡來的想法，他開始感到讓喜歡的女人跟他一起住劏房是件不怎樣好的事，正好向陽媽媽邀他們搬回家去住。

向陽其實也厭惡為了生活而工作，辛辛苦苦捱了幾年，口袋裡的積蓄愈來愈少，他覺得那不是他想過的日子。

兩口子搬回家住，生活立即自在得多，至少衣服有家傭洗，也不用每餐吃外賣。

他有時間上網和看書，也有時間去健身房做運動。

他希望可以上大學唸經濟和哲學，他相信有了個學位，往後的生活會好過一些。他的改變令父母在夢裡也會笑。

爸爸對他說：「到外面生活了幾年，總算有少許收穫吧！你可以放心讀書，專心做學問，若你喜歡也可以到公司去上班……」

他笑著回應：「年輕時太不思進取了，無無聊聊地過了三十多年，往後得更加努力把時間追回來。」

暑假最後一天

升中六了，暑假也縮短了，別的學生在七月中已放暑假，但你得回去補課，到了八月才正式不用回學校去。八月二十二日你又要回校補課，暑假提早十天結束了。

七月初剛考完試，你有很多計畫，你要利用這暑假好好讀書，明年便要考文憑試了，也該開始準備一下。你也打算每天去游泳，希望在下學年的水運會拿幾個金牌，帶著滿滿的回憶離開。你要跟同學一起去一次韓國旅行⋯⋯

然而，時間過得很快，每天補課後回家，便有做不完的練習，筋疲力竭，想去游泳也舉步維艱，只好坐在沙發上陪媽媽看劇集，又或者拿出手機跟同學互傳簡訊、打機或看YouTube，轉眼已是午夜。想起明天要補課，只好立即去睡。

不用回校補課的日子，你總是打機、上網或跟同學聊天至半夜，一覺醒來已是下午兩、三點。吃過了午飯，看一會網上新聞，再查看電郵或看一陣報刊，伸個懶腰，遙望窗外，已紅霞漫天，宿鳥投林。

你總會想：「剩下不到兩小時便吃晚飯了，現在才開始讀書，也讀不了很多，不如找個涼快的地方好好休息，休息夠了，明早精神飽滿才讀書……」

問題是每天都這樣過，加上奧運期間你整夜不眠看比賽，日與夜已給顛倒了。白天睡覺，晚上看比賽，文憑試的準備你早忘掉了。

今天是你離校前最後一天的暑假，你七時起來回學校補課，到了三時才拖著疲乏的身軀回家去。你叫自己好歹也到泳池練一次水，十月中學校便要舉行水運會，若不好好練習，金牌肯定跟你無緣。

可天氣太熱，在街上走已不停冒汗，回到家裡你已虛脫，還是躲在冷氣房裡好好休息罷了。

計畫好的事半件也沒做好，你既內疚又自責，你覺得自己浪費了暑假，更擔心開課後太忙沒空去溫習，擔心得睡不著覺。

你幻想：如果可以穿越時空回到七月，一定會好好用盡每分鍾。想著想著，你睡了，你擔心自己會跟不上，你夢見自己獨個兒坐在地上，你的同學在你身旁走過，在前方失去蹤影，四野無人，你很害怕。

你聽見有人開門，客廳的電燈亮了。

媽媽見你還在家裡，感到驚訝：「你不是約了同學吃飯，慶祝暑假要終結嗎？還不起來便要遲到了。」

跟同學一起吃著韓燒，發現原來大家在這個暑假也沒有溫習，你的心情忽然放鬆了。

第三章：家人，愛的連繫

愛與恨

得剛是家中孻仔，有兩兄一姐，父母經營進出口生意，一家生活無憂。大伯父自小負笈英倫，後來在彼邦落地生根，並娶了一個洋妻子。但大伯年屆五十，膝下猶虛。回港一趟，見得剛趣致活潑，夫婦甚為憐愛。與弟商量欲將得剛過繼為子，得剛父母甚為難，然一生只兄弟二人，且兄長必對孩子疼愛有加，只好忍痛將得剛過繼兄長，得剛母哭斷了腸。

每到暑假，養父母都帶得剛回港探望親生父母和兄姐，可是他對親生父母總是冷淡，跟兄姐卻有說有笑。上大學後，他更不再回去探望親生父母一家。

得剛也許要避開親生父母，牛津畢業後，他留在英國工作，連結婚也未有邀請親生父母出席，令他們耿耿於懷，甚為不快。

日月如梭，養母去世後一年，養父亦患末期癌症，臨終寄語：「他們好歹也是你父母，還有兄姐，是一家人啊，你不能這樣冷待他們，都是我不好，若非我要求你父母將你過繼，你便可跟他們一起……都是我自私、害得你……」

為了讓病榻上的伯父放下心頭大石，得剛一一答應了他的要求，並邀親生父母來見養父一面，又跟他們共進晚餐，讓養父看以為他們已無芥蒂。

追悼會後，得剛對親生父母突然冷淡，送他們到機場時也是沉默，平日還會稱他們「阿叔」和「阿嬸」，但當時他只是點頭無語，目送他們進入機場禁區時，連再見也沒一句，亦不曾揮手送別。

兩老心裡不安，亦摸不透孩子心意，得剛的心亦矛盾重重，最早的生活片段常在夢裡出現，爸媽很疼他，爸爸讓他騎在背上，媽媽餵他吃奶，不住吻他的臉，他分不清那是幻想還是真實的記憶。

沒跟親生父母聯絡多年，得剛也拒接他們的來電，有時卻會很想念他們。公司派他到香港去，他心中一陣欣喜，跟著被煩厭的情緒掩蓋了。他知道回港是開心的，但他無法面對在他兩歲時遺棄了他的父母，他掛念他們，也生他們的氣。

父母知道他要回來，心情也是忐忑。父親每夜夢囈：「真不明白這孩子心裡想甚麼。」

父親生日、團年、中秋，他都不會隨同妻子和孩子出席家庭聚會，寧願獨個兒去吃叉雞飯。有時兄姐搞聚會，父母在場，他就總是板起臉孔，默默無語安坐一旁。相反，他的妻子卻跟婆婆說說笑笑，好不投契……

兩個哥哥和姐姐勸過得剛很多次，他依然不想跟父母見面。某天，大哥邀他到家去燒烤，沒想到父母也在，他立即板起臉，連點頭招呼也沒有。老父沉不住氣說：「都是我不好，誰教我把他送給大伯，現在不看我一眼也活該。」得剛激動地說：「你無謂說這些沒意思的話，自你把我過繼給大伯那一天，便應該想到會有今天。」

父子倆你一言、我一語，吵得愈來愈激烈，並打了起來，大哥和媽媽欲把他們分開，混亂中媽媽給推倒地上，爸爸見狀隨即大罵：「你這個忤逆子，連阿媽都打，我得好好教訓你。」話未說完，便摑了得剛兩記耳光。

得剛瞪著爸爸說：「乃念你是我的生父，本來我也想過對你好一點，現就憑這兩巴掌——我相信以後也不用再理會你。」

自此以後，得剛雖仍會出席大夥的聚會，但不會跟父母說半句話，應該說是每每他一開口說話，爸爸便破口大罵，他覺得父親不可理喻，父親也覺得他很不孝。

冷戰持續，全家十幾人也為他們父子倆的敵對關係而不開心。哥哥、姐姐和妻子也勸他，即使他答應嘗試對父親好一點，可一見面便生氣，總是跟父親吵起來。

有時父親會說出一些很難聽的話：「就當生少一個，我的錢就算捐給慈善機構，也不會留給你。」

得剛回應：「別以為用錢便可打動我，誰稀罕你的錢啊！」

某天，爸爸碰見一位老同學，告訴這個老同學他的不快，老同學聽過他的故事便問：「倘若你給父母送了給別人養，你又會有甚麼感覺？」

他想了想說：「我會很生氣，為甚麼要把我遺棄？」

老同學說：「就是啊！你的兒子在生你氣啊！你有必要向他道歉。」

他瞪著老同學說：「道歉？做父親的怎可以向孩子道歉？把他過繼大伯，是希望他得到更好照顧，而且大伯待他很好，讀飽了書，又繼承了大伯的財產，只是想不到到頭來竟給臉色我看！」

「唉！你就別那麼食古不化，時刻堅持以父親的態度和語氣對待他。若你嘗試關心他，了解他心裡想甚麼，不再批評他或向他投以敵意的目光，他可能會改變的呀！」老同學說。

爸爸回應：「也許你說得對，我處處以嚴父的態度去對他，反而令他非常反感……」

全家都希望得剛跟父親和好，尤其是得剛媽媽，為丈夫跟兒子吵架的事非常煩惱。她曾嘗試勸得剛，可他只是冷冷地責問：「為甚麼當年你不反對把我送給大伯？」

吵架、冷戰交替，雨或晴輪流出現。

儘管哥哥、姐姐不住的勸說，得剛有時也想跟老父和解，然而當他聽見老父又一次的責罵，總是按捺不住。

爸爸心底裡又何嘗不是希望跟蘯仔重修父子關係，可父子間的鴻溝愈來愈寬。老父叫自己要放下嚴父的架子，好好向得剛賠個不是，甚至特別疼愛得剛的兒女，連得剛的妻子也說：「老爺對我們很好，你這樣冷待他，會不會有點過分？」

每每老父見到得剛板起了臉，連叫一聲「爸爸」或「二叔」也不願，便立即憤怒起來，要把得剛大罵一頓。

得剛爸爸也許太難過了，某天突然無法呼吸，給送進醫院，醫生發現他的肝癌已擴散，剩下來的時日無多，唯一令他耿耿於懷的是得剛拒絕認他這個父親。

得剛即使知道老父病重，也不願意探望，他對老婆說：「他每次見到我便破口大罵，大概他真的不喜歡我，所以才把我送給別人。現在他生病了與我何干？我對他完全沒父親的感覺。」

姐姐來勸他：「得剛，就當姐姐求你，你去看看他，叫他一聲『爸爸』吧！他剩下來給我們的日子已無多了！你那麼絕情，我擔心你以後會後悔。」

聽到這裡，他也不明白為何自己會落淚。他忽然發現，自己花了幾十年痛恨父親，除了父親痛苦之外，他自己也非常痛苦。「他把我送給大伯已是多年前的事，看來今天他已非常後悔，我又何苦咄咄逼人呢！」

他記得老父喜歡吃雪糕，特意買了雪糕去探望老父，老父見到他，激動得淚水也湧出來了。得剛拿出兩杯雪糕，父子倆一起吃著，雖然沒有說話，但一切已盡在不言中。

吃過了雪糕，父親開口說：「得剛，你在哪裡找到這雪糕？味道跟四十年前的一模一樣。」

「爸，你若喜歡，我明天再買給你吃。」得剛回應。

難得父子倆相處融洽，爸爸也趁機為自己當年只顧兄弟情，把得剛過繼給大伯一事道歉。聽到這遲來的道歉，得剛的淚水不禁湧了出來，抽泣回應：「爸，我的確曾經惱你，但這已成過去。大伯為了讓你讀書，自己十三歲便出去打工的事我也知道了……事實上我也不明白自己為甚麼那麼惱你！也許我們分開太久，彼此間都失去了那份應有的感覺。」

大姊

大姊的健康不錯，除了四十多年前生孩子入過醫院，一生都不曾因病入院。有時她開玩笑說：「我這個人雖然已八十多歲，但時髦得很，跟大多數長者一樣，我也有三高，每天吃五種藥丸。」雖然年紀這麼大，卻仍健步如飛，每天早上五時便起來耍太極。

半年前她咳嗽持續了一個月，醫生為她作 X 光檢查，發現她左邊肺部近支氣管的地方有不正常的黑影，入院再做詳細檢查，才發現她的肺癌已擴散至肝臟及腦部。

你和三個弟弟知道這消息後，難過得十多天也睡不好，你們每天都去陪大姊，她說：「幾十年也不曾住過醫院，這次走進來，恐怕要被人推出去了。」

你想安慰她，卻找不到恰當的字眼。

自你懂事，她便一直照顧你，她常對你說：「你出生一個多月，媽媽便要到田裡幹活，那年我只有七歲，便要揹著你做家務，有時爺爺外出做生意，我便要揹著你上學去。你發燒便帶你看醫生。你肚子餓，家裡沒糧，我便揹著你到河裡捉魚，有一次更把你掉進水裡去，我擔心你會淹死，卻見到只有一歲多的你在水裡浮沉地笑，我把你拉起來，你卻不肯，堅持要在水裡游。最後你學會了游泳，我卻被爸爸打了一頓。」

因為照顧你和三個弟弟，她唸完小學便沒有上學去。

你記得有一年冬天很冷，你跟她去放牛，到了下午三、四點，你又餓又冷，連嘴唇也發白了，她找來枯枝、枯葉，生了火，還到附近的田，偷了幾塊番薯和一個很大的蘿蔔，姊弟倆一邊取暖，一邊吃煨番薯。

她的病情急轉直下，半夜裡有時無法呼吸，醒來，想上廁所也感吃力。

她說：「二弟，恐怕再過幾天，我便可以再見到你姊夫了（姊夫已於十年前去世）。」

你嘗試安慰她，她卻笑說：「老二，你最可愛的地方就是不懂說謊，你這樣緊皺眉頭，結結巴巴地告訴我會好起來，沒說服力啊！我知道快要先走一步了，你就多陪著我，讓我感到不孤獨就好。你也不必說甚麼，坐在床邊就好。若你喜歡，也可以說說我們的童年往事，我覺得一生之中那些日子過得最無憂無慮……我累了想睡一會，你就先回家去，好好休息，明天再來，我相信明天我還活著的。你放心回家，好好睡一覺……」說完她已呼呼睡去。

* * *

大姊入院後愈來愈瘦，吃不下東西，體力漸差，走幾步也喘氣，跟你聊天時氣若游絲，說幾句便得閉目養神。

你每天去看她，跟她一起整理自己的一生，最初她積極地說往事，漸漸她連說話的氣力也失去了，便由你去說，她閉目在聽，有時三個弟弟會加入，氣氛熱鬧起來。

大姊不住在笑，原來她想起了初到香港，一家七口住在老虎岩木屋的日子。

每個黃昏，一家人便圍在一起，有說有笑地吃飯，她說：「那時我們很窮，吃的都是腐乳蔬菜，飯也是由米鋪買來的米碎煮成，你們幾個卻吃得津津有味。」

她問你是否還記得怎樣到香港，你想了一會說：「是爸爸抱著我，坐舢舨來的！」

她笑著回應：「你得記住，是共產黨強行沒收我們的耕地和房屋，還要逼爺爺承認自己是個剝削其他人的富農，爺爺才叫爸爸帶著我們，在半夜裡跟其他鄉里逃走。我揹著你，爸爸揹著只有三個月大的四弟，手抱二歲的三弟，五弟還在媽媽肚裡，我們都不敢作聲。」

「走到海邊竟遇上村裡當公安的牛叔，他叫我們一家乘金帶家的舢舨，他說：『這幾天差不多全村的人也跑了，你們記住，最光的方向便是香港，中途遇上邊防軍也別害怕，繼續向前划就是，接近英界，他們便不敢追過去。這幾晚海上都是舢舨，拘留所早擠滿了人，他們也不想把出走的人捉回去，你們儘管放心走就是。跑了之後別回來，老人家便交我們照顧好了……』上船後，你不停地說害怕，爸爸才抱著你呀！」

你記得當天在白泥上岸，村民聽見狗吠，便出來找你們，那時只要身上有錢，天亮時便可到達市區。爸爸從你的棉襖中，取出幾隻金鐲，交了給一個叫權哥的人，不到半天，你們便可搬進老虎岩的木屋去住。

爸爸到紗廠工作，每星期才回家一天。五弟剛出世了，媽媽只能留在家裡穿膠花。為了讓你和三弟、四弟上學去，大姊找到一份夜班的工作，那年她才十八歲，多年後你才知道她在一家夜總會當舞小姐。

那時爸爸還發脾氣，要把她趕走，你也對她說了些很侮辱的話：「原來你不知廉恥做這些事，你給我的錢我不要，明天我便不上學，出外打工。」

沒想到媽媽一掌摑在你臉上，說：「大姊為了你們才去當舞小姐，沒有她，你們要吃西北風。誰敢對我女兒說半句不敬的話，我肯定會把你們掃出這大門。」

媽媽的一掌摑得你面對現實，你沒有退學。大姊對你說：「二弟，大姊沒機會上學，希望你爭氣，帶著幾個弟弟好好讀書，只要你們用功讀書，大姊即使再辛苦也無所謂。現在要你花我的錢，感到有些委屈吧？以後對我好一些就是……」

從那天開始，爸爸沒有再罵大姊，反而喝了幾杯後喃喃自語：「我真沒有用，要女兒去拋頭露面賺錢養家。」當他再喝多一點，便會大罵共產黨比土匪還要狠，奪去他們的房子和耕地，還要批鬥他，害得他家散人亡。「若不是共產黨，我的孩子肯定可以快快樂樂地到省城去上學，用不著顛沛流離到香港來，捱得剩下半條人命。」

大姊在夜總會做了三、四年，便遇上一個年紀比她大二十多年的老外，他的老婆多年前病逝，偶爾跟朋友到夜總會散心，遇上了大姊後，便每天到來等她下班，帶她去消夜。後來他跟大姊結婚，還生了兩個孩子，那時你也考進了香港大學唸工程。

得到大姊夫的幫忙，你們一家從老虎岩搬到干德道，爸爸也開了一家山寨針織廠，你們的生活改善了。那時爸爸說：「真的要感謝共產黨，它沒來，我便不會跑到香港來，可能到了今天還在耕田。現在我總算是個小老闆，五個孩子都成才。」

老外大姊夫很照顧你們一家，為了跟老婆溝通，他努力學廣東話，若只聽他說話，不看他的樣貌，你會以為他是個地道的香港人。

你和三個弟弟，都因為大姊的幫助才有機會在一個安穩的環境中成長，尤其是四弟及五弟，他們要到英國學時裝和電影，若不是大姊的幫助，他們肯定不能成行。

每天到醫院跟大姊說前塵往事，她即使說話漸少，卻也非常回味一生，原來她最引以為傲的是你們家在她快要離開這塵世時，家裡有著各種專家，醫生、律師、行政總裁不在話下，連天文學家、演員及導演也有。她一一唸出弟妹、兒子、媳婦、孫兒、弟婦、十多個侄兒、侄女及十多個侄孫的名字，每個人的名字給唸出來時也總會以一番感謝的說話去回應。

她跟所有親人打過招呼後，精神忽然好起來。她要媳婦扶她到復康花園曬太陽。在臨海的花園裡，她有點興奮地要拍全家幅，然後說：「有了大家，我此生無憾。當我坐上舢舨跟父母來香港，又怎會想到這一生原來很精采，活在天堂幾十年了，也許是時候要走了……」

她打了個呵欠，伸了個懶腰，然後發軟地坐在椅上，同時呼出了最後一口氣。

一個人在途上

一位二十歲的女士坐在向湖的椅子上吃早餐，只需把鏡頭遷就一下，便可拍下一張她在湖上吃早餐的美麗照片。

她獨個兒怡然自得地吃早餐，見湖上游來幾隻天鵝，便拿起照相機不停地拍，臉上充滿了喜悅，沒半點哀愁。鵝群遠去了，她才跑去拿東西吃。

一對外國年輕夫婦走過，跟她打招呼，她立即跟他們說：「你們下午離開，那我先跟你們道別，我很喜歡這裡，想多住幾天……」

那小鎮除了那個會留住遊人的湖，也沒幾個景點可供參觀，如是往來廣場與湖邊，一天內我碰見她數次，從點頭到對話，也不過是一陣子功夫。她知我從香港來，顯得很雀躍：「我已經有半個月沒說過廣東話。」

她踏上旅途已一年多了，一個單身女子，在一年之間經歷了很多，估中之後，她對香港感到徹底失望，就在這時帶她來港的母親發現患上了直腸癌，她陪伴母親進出醫院，又要準備畢業論文，同學間還在爭論佔中的得失，她覺得煩死了。

媽媽出席過她的畢業禮後，腫瘤復發了，進醫院後便再沒出來。她每天陪著媽媽，第一次聽媽媽說來香港後找不到爸爸，母女倆要住劏房的故事。

原來媽媽自小有個遠大理想，希望可以踏遍五大洲，到世界各地去旅行，可惜高中畢業後到廣州一家酒店工作，認識了一個從香港來的生意人，跟著兩人便結了婚，生了她，到她六歲那年，母女倆拿著單程證到香港，才發現那個男人早有另一頭家。為了不影響他，便沒有跟他聯絡，靠做雜工養大她。

媽媽的一生只到過廣州及香港，病榻上媽媽對女兒說：「若有機會，一定要趁年輕到世界各地去看看，可惜我不能跟你一起去……」

她忍著淚回應：「媽，你一定要好起來，我會賺錢帶你去旅行，我們去非洲、歐洲、美洲……還有南北極……」

媽媽要她靠近，輕撫她的臉說：「媽知你有這個心就已滿足。一定要出去看看，才會發現你的人生該怎麼走，媽不能跟你去的了……」

那個晚上，她格外心緒不寧，無法入睡，到了早上四時，她忽然想到醫院去看媽媽。到了病房大門，收到護士的電話：「你是某某的女兒嗎？她的情況不樂觀，快通知其他親人……」

她衝進病房，醫生已停止急救，媽媽身上各種監控儀器仍未拔掉，卻已變得非常安靜，心跳監控顯示著一條又平又直的線，間中有一兩個不規則的波動。她的臉色蒼白，左眼角滲出一滴淚，永別活了幾十年的紅塵，多少也會帶點哀傷吧。

她握著媽媽的手，輕聲說：「媽，你放心上路，我已懂得照顧好自己。」媽媽手溫的冰冷傳到她的手，一直往手腕、手臂蔓延，那寒意弄得她哆嗦起來。

那冰冷的感覺似曾相識，一段久遠、幾乎已忘掉了的回憶在心裡湧現……六歲那年媽媽帶著她找爸爸去，沒料到開門的是個女人，知道她們來意，只冷冷地說：「又來一個帶著女兒的女人，那男人一早死掉了。」大門砰然關上，媽媽拉她走，升降機內，媽媽的手顫抖、冒汗、冰冷，那種寒意直奔她全身，她打了一個寒噤，哭了起來，說：「媽媽，我冷。」

她為媽媽抹去淚水，媽媽的臉瘦、白、安詳，沒有半點痛苦，也許這是為痛苦畫上的句號。依護士的建議，為媽媽帶來一套睡衣，給她換上，讓她不用赤裸裸地送往冰冷的殮房。

拿著醫生簽發的死亡證明，交了所欠的住院費，再依媽媽的遺願將軀體移交醫學院，沒有葬禮，也不用追悼，火化所耗的能源和龕位所費也省卻下來。正如媽媽說：「在這塵世瀟灑走一回，去了不留任何痕迹就好，不用設任何靈位，在乎我的人在心裡記住就好。」

她回到住了十多年、廁所仍在漏水的劏房，房子堆滿雜物，再沒有媽媽的嘮叨和煮食台傳來的湯香，她感到只有百方呎的房子是空盪盪的，她終於大哭起來。世上唯一的親人也失去了，她還未想到往後的日子該怎過。

哭得太累，晚飯沒吃便睡著了，醒來天色還是漆黑，她決定上班去，她想努力工作，儲足夠的錢去世界各地看看。

收拾媽媽的遺物時，找到媽媽臉書的密碼，她猶豫一會後，還是決定進去看看。原來媽媽在發病前曾寫過，希望待女兒大學畢業後陪她去一次旅行，媽媽覺得遺憾的是女兒到了二十多歲，仍未乘過飛機出國。可惜疾病令她無法如願。她心裡對媽媽說：「過幾年有足夠的錢，我一定帶著你四處旅遊。」

她在一個破爛的紅白藍膠袋裡找到一疊舊照片，相中的她還是個剛學會走路的孩子……翻著翻著，還找到媽媽從未提及，可能連她自己也忘掉了的銀行投資戶口。

媽媽那銀行戶口卡已發黃，像那疊舊照片一樣已鍍上一層壁虎色。

她拿著戶口卡和遺產承辦文件到銀行去，發現那戶口是媽媽在她出世前已經開設，戶口內有不少股票，還有個奇怪的現象，就是每月定期有人存入三萬港元，五年前更增至每月五萬港元，戶口內的總資產值超過二千萬港元。媽媽沒可能有這麼多錢，「難道是爸爸給媽媽的生活費？」她不肯定。大概媽媽沒留意有那麼多錢，不然便不會一生帶著她住劏房，又辛苦工作，否則喜歡旅行的媽媽一定會趁女兒放假帶著她四處去。

印象中的爸爸是個很疼她的人，每次回家他也帶來很多新衣服給媽媽和她，又陪她一起看圖書說故事。

可六歲來香港後，便沒有再見到爸爸，只要想起找不到爸爸那天，媽媽落寞的神情，即使有時會想起爸爸也不敢問媽媽，漸漸地爸爸的印象也模糊了。「看來爸爸不曾拋棄我們，也許媽媽對他有誤會，才會跟他斷絕聯絡。」她想。

從遺物中她找到一個用藍色墨水寫下的地址，紙已發黃，給蛀穿了很多大小不一的小孔。紙上的墨水已化開，文字也變得模糊不清。她忽然想起那是爸爸留給她們那時在香港的地址。

她記得爸爸拿起了送她的英雄牌墨水筆寫下這個地址，放在餐桌上才離去，那灰色墨水筆是她升小一時爸爸送她的禮物。她想過去找爸爸，告訴他媽媽這二十年過得很辛苦，可媽媽都不在了，找到爸爸也沒意思。

她辭去工作，到英國唸博士，她在上學期間把所有論文做好，放假便帶著媽媽的照片旅行，她喜歡獨自旅行，只有這樣她才感到跟媽媽一起在途上。每到一處，她一定會去看街市或市集，也會嘗當地的小食，因為媽媽每次幻想自己去旅行都會說在那裡的市集見到甚麼和有甚麼好吃。

見到美麗的風景，她會把媽媽的照片掛在身上然後自拍，再傳到媽媽的臉書去，有幾個媽媽的網友回應問照片那麼美麗在哪裡拍的。有人問：「你現在幹甚麼工作，可以經常去旅行？」她代媽媽回答：「旅行。」

我問她：「一直這樣旅行嗎？」她笑著回應：「有何不可？反正媽媽和我還有很多地方未去過。」她呷了一口咖啡再說：「也許找到一個想留下來的地方，便在那裡住下來。」

她的船到了，送她上船，跟她道別後，她便繼續自己的旅程，而我則在思考人生和旅行。

思念

五年前開始，每年到了五月節，你便感到悶悶不樂。

你很愛孩子年代，兄弟姊妹圍在一起裹粽。你們裹的粽雖然形狀奇特，但各人都非常喜歡自己裹的粽。

端午前一個月，你便跟媽媽上山割下某些樹葉，曬乾了之後，再將灶裡的灰清理，放進那些乾枝葉。你們燒了幾十斤枝葉，才得到一桶灰。媽媽使用多層蕉葉隔著，把冷卻了的灰放進去，然後慢慢加水，如是將滲出的水再放灰中數次，這樣便可製造出裹粽用的「灰水」。將糯米浸在「灰水」中一夜，把糯米撈出，已是黃色，那時便可以裹「灰水粽」了。

為了令粽子的顏色較有層次，粽心會加入一根黃木，令粽子中心變成紅色，然後往外變淡。你愛吃「灰水粽」，媽媽說：「你就是長得跟我一樣。」

你漸漸長大，完成中學後上了大學，搬到宿舍去住。太忙了，有時連五月節也不回家過節。媽媽來宿舍看你，特意為你帶來你喜歡的「灰水粽」，你卻一臉不悅地說：「媽，你好老套，這些東西我現在不喜歡了，你拿回去。」

自大一開始，你便不再吃媽媽親手裹的「灰水粽」。

又過了十年，三十歲快來，你忽然很想吃「灰水粽」，媽媽很開心，為你弄了「鹼水粽」，那個年代，你家附近的山頭已建了屋，要找幾棵草樹做「灰水粽」也不容易。

你吃了一口，便皺起眉頭說：「媽，這不是你的出品，這不好吃。」不好吃的粽子令你不想再吃。

時間過得很快，媽媽的認知障礙愈來愈嚴重，已認不出人，也出現了日夜顛倒的情況。

端午節你帶了鹹肉粽給她吃，她吃了一口便問：「有沒有『灰水粽』？今天很想吃『灰水粽』。」

你立即到街上買了兩隻「鹼水粽」給她。她吃了一口便說：「這不是『灰水粽』」，打開便是一陣嗆喉的鹼水。」

你心裡惆悵：「四處都建了樓，哪裡找樹枝燒成灰做『灰水粽』！」幸好，一位媽媽的舊鄰居家裡有一大堆乾了的荔枝枯葉，你索性問她要一把，做了一盆灰……

你從鑊裡拿出自己親手做的「灰水粽」，吃了一口，忍不住說：「真的非常清香……」

你拿了幾隻「灰水粽」給媽媽吃。媽媽放近鼻一嗅，便興奮地說：「這才是真正的『灰水粽』。」

她一口氣吃了兩隻「灰水粽」，非常開胃。然而不久，她突然停止了呼吸，全身發紫。每到端午，你便裹起「灰水粽」……

夜歸的女孩

凌晨四時，大門打開的聲音把你嚇得跳了起來，幾乎從沙發滾到地上去。你知道女兒曉逸回來了，心中的怒火立即燃燒起來。

她昨天黃昏出門時告訴你：「跟同學到尖沙咀吃飯，晚上十二時回來。」你獨個兒看電視，累了便躺在沙發睡。睡醒又看一會電視，心裡掛念著曉逸。看看手錶，才十一時半，她還有三十分鐘才回來。每次她夜歸，你總是不安心，總要等她回家，心裡才踏實一些。

一時正了，她還沒回來。你焦急萬分地看著手錶的秒針。五分鐘過去了，你已無法安坐，在屋裡來回踱步，欲給她打個電話，又怕她嫌你煩，好幾次按了幾個號碼，又再把電話掛斷，心裡卻愈來愈焦急，焦急得像熱鍋上的螞蟻。

半小時過去了，你一次又一次打電話給她，她都沒有接聽，你多番留言問：「你甚麼時候回來？」每次的留言也比前一次激動和憤怒。一種不祥的預感在心裡湧現，「她會不會遇上了交通意外？會不會遇上了變態殺手，把她載到新界僻靜處凌辱姦殺？會不會吸毒、喝醉……」想到這裡，憤怒的心情漸漸轉化為哀傷和難過。

你哭了。你不敢想像女兒不回來的日子怎樣過。你只記得，她剛上小一那年的冬至前夕，你如常下班後到媽媽家吃晚飯，然後接曉逸回家。打開家中大門，裡面漆黑一片，你走到房間，不見丈夫坐在書桌前上網打機，大感意外。打開衣櫥，發現他的衣服都不見了，他的護照、信用卡和支票簿也不見了。

你還未搞清楚發生何事，曉逸說：「我要爸爸為我蓋被子。」你強裝笑容對她說：「爸爸今天要加班，晚些才回來。曉逸先睡，明早起來一定會見到爸爸。」你說這句話時也不確定他會否回來。

她不開心說：「我要爸爸，我要爸爸。」你強忍著淚，哽咽地說：「曉逸乖，快去睡，明早還要上學。」大概她從你顫抖的聲音中知道不可以再問任何問題了，便乖乖躺到床上睡。你立即把電燈關掉，把自己鎖在房裡，泣不成聲。

不知哭了多久，你才想起要打電話給他，按他的電話號碼時，你感到非常害怕，你怕找不到他，又或者接電話的是個陌生女人，你從未試過像那夜般猶豫，按了電話又掛斷無數次，最後硬著頭皮去聽，卻傳來一位女士的聲音說：「這個號碼已終止……」

*　*　*

一個相識二十五年，跟你一起生活了十五年的男人，無聲無息地突然從你的生活中消失，這的確是一種極恐怖的經歷。

天剛亮，曉逸已起來，她哭著要爸爸，你開始不耐煩：「我也想找他，可不知道他到哪裡去了！」她大哭指你騙她，你更不高興地說：「你爸就這樣拋下我們，連半句話也沒說便走了，我也想要爸爸，但誰為我找他回來！」

大概你說話時的表情太駭人了，她立即收起淚水說：「媽，我要上學去。」那天起她再也沒有提起爸爸。

你發現你們的銀行存款全給提走了，所有信用額也給用盡了，連自住的房子也押了給財務公司。你還來不及收拾，執達吏已到了門口，幸好你在前一天把自己的首飾和貴重的物品全部搬走了，不然你給趕出這房子後便一無所有。

你帶著曉逸搬到弟弟家去住，當了幾年家庭主婦的你只好外出工作。弟弟為你找遍丈夫所有的朋友，沒有人知道他的消息，一個人就這樣蒸發掉，好像他從未存在過似的。

曉逸是個生性的孩子，她對你說：「媽，別難過，還有我和舅舅一家愛你，我長大之後，一定買一間很大很大的房子給你住，還要聘請兩個工人，你不用再做家務……」

自那天起你再沒有找丈夫，正如弟弟說：「他要躲起來，無論怎樣找也找不到。他只把現金拿走，連股票也沒賣掉，看來他是急於要走。」

時間如飛，曉逸漸長大，剛考完文憑試，順利入讀香港大學法律學院，人人都說你捱出頭了，你也為這個出色的女兒感到驕傲。

這個星期她跟朋友外出慶祝，每晚到了十二時才回家。但這晚她沒有在午夜回來，電話又沒接聽，使你焦慮擔心，也許太累了，便在沙發上睡著了。大門打開了，你很生氣，本想好好罵她一頓。可她撲進你懷裡哭了起來，你輕撫她的臉，為她拭去淚水，安撫她：「孩子，一定是受了很大委屈呢，先別哭，告訴媽媽發生了甚麼事。」此刻你的怒火早已消去了，心裡泛起無限慈愛。

原來她跟同學一起乘的士回家時，遇上了山洪，的士給沖進河裡，幸好機警的司機把她們都救了出來。

父愛

寒冷的星期天下午。何家外遊回來，何先生說：「天氣太冷了，我去看看鄰居陳伯伯是否夠暖！」

他們是十多年鄰居，彼此都很熟絡，陳伯伯當年還替何先生補習數學。陳伯伯是個數學老師，退休後靠補習維生。

陳伯伯有兩個兒子、一個女兒，最小的女兒是個嚴重智障人士。兩個兒子到美國唸完大學後，便在三藩市定居。

兒子經常叫陳伯伯夫婦移居美國，但他們不願意把女兒獨自留在香港，更不願意帶她去一個完全陌生的環境。

何先生記得很清楚，陳伯伯跟他說：「大兒子叫我把女兒送進護理院，到美國跟他們一起住，可我哪裡放心得下呢？她只懂說幾句話，連吃飯、洗澡也要幫忙。若我帶著女兒去美國，暫住尚可，長住便會令兒子為難。」

陳伯伯為了照顧女兒，只好跟老婆輪流到美國探望兒子和孫兒。

近年，陳伯伯夫婦身體有很多毛病，夫婦倆輪流進出醫院。

半年前，陳老太更因中風去世，陳伯伯只好負起照顧女兒的全責。

兩個兒子都建議他把妹妹送到護理院去，他可以每天去看她，可他總是不肯：「護理院總不及家裡好。總之你們不要再說，只要有我一天，她便會在家裡住。我照顧了她幾十年，把她送走，我實在捨不得，更何況你媽才離我而去……」說到這裡他哽咽。

何先生一家常探望陳伯伯，有時更邀陳伯伯父女一起吃晚飯。

有一次，陳伯伯在街上昏倒了，送到醫院，醫生指他的心臟動脈嚴重栓塞，必須通波仔，可是他堅拒入院。

他說：「醫生，我入院後女兒便沒人照顧。」

後來醫生找來社工，把陳小姐送到暫託宿舍，他才勉強答應留院做手術，做完手術便立即嚷著出院，接女兒回家。

拍門很久也沒人應，何先生打電話給陳伯伯又沒人接聽，他立即通知社工，社工叫了消防員到來破門而入，眼前見到是令人感動的一幕。

陳小姐用熱毛巾為陳伯伯洗臉，陳伯伯的臉已變紫色，社工叫他，他完全沒反應。陳小姐說：「爸爸全身都冷，蓋上了被子也冷……」

慣看冷月清風

空氣和水是人間美味，每天起來你總愛打開窗，讓陽光曬進來，讓微風吹進來。你對著那綠意盎然、一望無際的郊野公園，慢慢地把空氣吸進體內，你感到胸內脹滿了，你讓肺裡每顆細胞都嘗嘗早晨的空氣。

你的橫隔膜肌肉和肋骨間肌開始收縮，空氣徐徐從鼻孔呼出，也好像將體內所有壞元素都帶了出來。

你慢慢地再吸一口氣……

風雨無間，每個早上你也花上二十分鐘去享受被黑夜清洗過的空氣。你覺得舒暢、平靜、與世無爭，彷彿人世間的是非黑白、成敗得失已不再重要。

然後你喝下一大杯清水，約有半公升吧！你一口一口地喝。每呷了一口，便讓清水在口腔裡停留一會，舌頭輕輕在水中游，你感到水的甘甜、滋潤，你讓清水流過喉嚨，再往下到食道和胃。

你呷進第二口清水……

你覺得全身濕潤，腦袋和皮膚晶瑩，即使到了嚴冬，也沒有乾燥的感覺。換上已穿了兩三年的牛仔褲和 T 恤，再穿上那開始變形的鋼頭工作鞋，把背包掛在肩上，便出門上班去。背包看似很重，但其實內裡只有一套乾淨的衣服和兩公升的清水。

乘一程港鐵，再乘老闆的貨 Van，你便到達工地。你的工作是操作挖土機，在悶熱、四面被圍板密封、陽光猛烈的地方工作，即使在冬天，也會汗流浹背。

忙了一個早上，你愛跟同工到附近的茶餐廳吃午飯、聊聊天，回去工地，找個涼快的地方小睡片刻後，又要坐上挖土機了。

到了下午，太熱了，你的頭髮和 T 恤上蒸出了一層鹽。喝水、抹汗、工作，再喝水、抹汗、工作，不知重複幾次，終於可以下班了。

你愛淋個浴，換套乾淨的衣服才離開工地，你怕在擠逼的港鐵車廂裡，身上發出的汗餿會令其他乘客臉上露出厭惡表情，更何況下班後你不是去上課，便是去見女朋友。

這份工你已做了十多年，你曾參與興建的豪宅也有十多個，可你儲蓄的錢仍未夠買第一個房子的首期。

你跟女朋友一起六年了，正計畫結婚，你們有個謙虛的打算，婚後暫時住在她父母的公屋單位裡，這樣可以省卻租金和管理費，儲下更多的錢。未來岳丈的公屋是多年前買下的三房、可以看到元旦煙花的單位，女友的哥哥和姊姊婚後都搬了出去……

對你來說，每天快快樂樂工作，下班可做喜歡的事，一家人一起聊天、吃飯，大家健健康康，便已心滿意足。

你從未想過要發達或名成利就，你一向認為名利只是鏡花水月，一點也不實在，倒不如每晚跟女朋友相擁而睡，每個星期日跟好朋友踢一場足球，然後一起喝啤酒。

年少氣盛的日子，你也曾有過偉大夢想，你希望會考成績好，可原校唸中六，然後跟同學一起上醫學院，將來做個心臟科醫生，在干德道買一個像樣的房子，讓父母和嫲嫲搬進去過幾年安樂日子，不用每年風季來臨都擔驚受怕，可無論你怎樣努力和補習，你始終是最好的中學裡成績最差的幾個。

中學畢業，你想以自修生身分重考會考，問題是你整天無所事事、無心溫習。

在地盤工作的一位鄰居鼓勵你參與建造業的訓練，他說：「未來三十、四十年香港會有很多大型基建，投身建造業一定大有可為，工資肯定比大學畢業生高。」

你不理會父母反對，毅然投入訓練，最先打算做紮鐵和落石屎，陰差陽錯跑了去操作挖土機，你愛上了那台挖土機，一做便十多年。

你結婚了，搬到岳丈家去住，媽媽最初有點不開心，但她明白那是現實中最好的安排。堅持任何原則或傳統理念，也得付出高昂代價。看清了形勢，她再沒有任何意見。岳丈家最好的地方是交通方便，且有個印傭負責買餸、煮飯、清潔，下班回來你便可盡情休息。

兒子出世了，岳母剛好退休，可以為你們照顧孩子。老婆跟你可以全情投入工作。兩年後，你們生了一對孖女，幸好這時岳丈也退休了，兩老加上印傭為你們照顧孩子。

孩子漸長，你們沒有打算把他們送進名校，只讓他們就讀屋苑商場裡由非政府組織營運的全日制幼兒園，十分鐘便到達學校，省卻舟車勞頓，也方便岳丈、岳母接送孩子。

時間如飛，三個孩子都上中學了，那所中學在屋苑旁，走路上學只需五分鐘，且是一所區內的名校。

那年，你終於買了一間有三個房間的房子，但由於房子離學校遠，三個孩子寧願跟外公外婆住，岳丈建議：「把房子出租，讓其他人幫你供樓，你們都在這裡住，一家人熱熱鬧鬧多好！」

你婚後搬到岳丈家住，就在那自置的公屋度過三十、四十、五十歲，轉眼六十快來，三個孩子都已長大，兒子當上了醫生，是家族中的第一個醫生，大女兒當會計師，小女兒則當了政務官。

岳丈和岳母都九十多歲了，岳丈近年的身體差了，經常進出醫院，岳母的身體尚好，近日卻變得非常善忘。太太為了照顧他們，便在五十五歲退休了。

大女兒要出嫁了，岳丈比你還興奮。

他對親友說：「我們帶著四個孩子搬進來，那時他們還在唸中學，跟著老大結婚搬了出去，老二和老三也嫁了，剩下老四跟我們住，我們擔心她嫁了出去，這房子會太冷清了，沒想到她把老公帶回來住，還生了三個活潑的娃娃，再讓我們過了幾十年熱熱鬧鬧的生活。」

他續說：「外孫當了醫生，便搬了出去跟女朋友同住，大外孫女要出嫁了，遲些小外孫女也要結婚了，這房子便剩下四個要人照顧的孤獨老人……」

小女兒出嫁不久，你也退休了。每天早上五時便醒來，窗外還是漆黑，早起鳥兒已在山邊的樹林吱吱喳喳。

你跟岳丈去晨運，他走得很慢，你比他更慢，他經常取笑你：「年輕人加把勁啊！」

有時你們在半山要過太極小休時，看著九龍半島，他便喃喃自語：「以前山腳全是木屋，維多利亞港很寬闊，今天所有木屋都不見了，維港變成一條河，兩岸的大廈有七、八十層高……」

有時他也會談起舊街坊：「你剛搬過來時，每個早上上來運動的街坊有近百人，我們做運動談時事，然後一起飲茶看報章。」

「漸漸一個又一個的朋友生癌、中風、心臟病……每年也走了幾個晨運友，到了近幾年，跟我差不多年紀的朋友，不是去了見上帝，便是不良於行，剩下我這副老骨頭，依然每天喘著氣走上來。」

「現在跟我們一起耍太極的，都是像你這個年紀的人，前面白了頭的幾個跟我們同時搬進這屋苑，看著他們上學、結婚、生仔、退休，然後老去。時間過得真快，山坡上的小松樹現已長得很大，樹幹的圓周大得一個人也無法把它抱一圈。」

「只要夠長命，朋友都比你早死，便真真正正成為孤獨老人。」

這幾十年你見證著滄海桑田、新星誕生殞落。大概死去之後，不會有太多人知道你曾經存在過。

第四章：認清精神病，別讓它掌控你的生活

爆炸青年

大龍升讀中四了，上課才不過兩星期便被學校勸退，他感到非常沮喪，尤其校長對爸爸說：「他可能未能適應這裡的生活，轉到另一所適合他的學校，他一定會有好的表現。」他真想找個洞鑽進去避一避，太窘了。自中一開始，每年都轉校一、兩次，每次被勸退，校長都會說一番近似的話，這次已是第五次了。

每次見到爸爸難過又委屈地求校長收回成命，他也難過得哭了出來，後悔自己為何如此衝動，心想：「以後也不能再這樣了。」然而，只要有少許挑釁或冤屈，他又再變成一枚被投擲的炸彈，不曉得誰會粉身碎骨。

剛懂走路，他便會發脾氣，肚子餓了，媽媽遲一些給他吃奶，他就拿起奶瓶扔到地上去。

有幾次，他跟爸爸到海旁散步，他忽然說：「我想游泳。」說著便衝向大海，第一次還真的跳進海裡，看著他要沉下水裡，嚇得不懂游泳的爸爸目瞪口呆，大叫救命。幸好有個路人立即跳進水裡把他撈上來，喝了不少海水的他還在大笑。

以後散步時，他望向海或說要游泳，爸爸便會把他拖住，不讓他跳進海裡。他漸長大，爸爸已不夠氣力阻止他跳海，他們便不再去海旁散步。

幼稚園高班下學期，吃茶點時，一位男同學不小心碰跌了他碟裡的蛋糕，人家正跟他說對不起，還未說完，他便把橙汁潑到那同學身上，並把對方推倒地上。老師把他拉開，他還是非常憤怒。過了一會冷靜下來，他向老師和同學說對不起，他又告訴老師他很後悔。

到了小一，老師要同學舉手答問題，誰答對了最多問題便有獎品，他跟另一位同學鬥得難分難解，老師問最後一題，問題問了一半他便舉手，老師停止說下去，他也猜不到老師到底要問甚麼。無法說出答案，他急得臉紅、心跳，後來老師把問題問完，原來他知道答案，卻被對手輕易地奪得獎品，他愈想愈生氣，試著叫自己冷靜卻失效了，他拿起書桌擲在地上，碎片擊中老師的腿，流血了，他又害怕又難過。

他每天去見那位老師，道歉並表示自己以後也不會發脾氣，她鼓勵他：「你也算是個好學生，功課和練習也做得很認真，平日守秩序又有禮貌，只是脾氣大了一點。我相信你有能力駕馭你的脾氣。」只因這句鼓勵的說話，他由小一到小四也沒有爆炸行為。

升上小五，他喜歡的老師移居外地，學校裡再沒有人鼓勵他。他沮喪了幾個月，整天悶悶不樂，同學跟他說話，他也沒心情回應。一位同學好心問他：「你怎麼了？不說話又不留心上課。往日你的測驗成績很好，近一次你卻不及格。」

他沒有說話，只是握著拳，抽泣起來，邊抽泣邊說：「何老師走了之後，再沒人明白我，我的老毛病又來了。人家一個眼神或一句不順耳的話，我便非常氣憤，我擔心有一天再也管不住自己，發脾氣時會傷害別人……如有何老師鼓勵，我便不害怕，她的說話總能令我心平氣和……」

某日，有幾個同學在小息時捉弄他，同學以為他會像往日般逆來順受，沒想到他這次還手攻擊他們，毫無防範下，其中兩人被他推到地上，一人更頭破血流，昏迷倒地。把他們推倒後，他立即很後悔，蹲下來叫喚受傷的同學，見對方沒回應，更是害怕，他輕拍同學的臉試著叫對方醒來，那時幾位老師衝過來把他拉開，指責他無故毆打同學，同學被打至昏倒地上，他還不停拍打同學的臉。

其實他只是想叫倒地的同學起來，卻給老師誤會了，他感到非常委屈和憤怒，他哭著解釋：「情況不是你所說的模樣，是他們先取笑我，我已警告他們我生氣時會很恐怖，但他們不相信，還繼續取笑我，最後我再也無法忍受，大力把他們推開，沒想到他會倒地流血，我已後悔得很，立即上前叫他快起來，我並沒有繼續打……」

訓導老師說：「你說甚麼也無補於事，有數十對眼看著你摑他的臉。」

他最恨別人冤枉他，他感到非常憤怒，突然高聲說：「既然你們不相信我，我只好一死以示清白。」說完他已攀過欄杆縱身而下，老師都給嚇呆了。

送到醫院檢驗後，發現他有數處骨折，在醫院住了三個月才能回家。

回校復課不久，他又因小事跟同學爭執起來，無名火一時把眼睛蒙蔽起了，一拳打在好朋友臉上，好朋友掉了一隻牙齒。

學校堅持不准他上學，他再次跳樓，送進醫院。精神科醫生認為他患有躁狂症，給他情緒穩定藥物，但情況沒有好轉，依然因小事便衝動失控。

半年後類似的情況又再出現。小學還未畢業，他又要轉校了。醫生把診斷修正為「間歇性衝動失控障礙」，所服藥物也有所不同。他的衝動似乎好一點。

大龍小六時轉了學校，那學校是區內最多問題學童就讀的。因收生不足，校長會收留所有來叩門的學生，那裡不少學生都是被別的學校勸退，無處容身才走到這所學校來。這裡學生較多樣，有珍惜機會努力讀書的，也有無心向學出現各種行為問題的。

大龍來到這學校後，第一感覺是自己已被社會唾棄了，他更憤怒的是：「為甚麼我那麼努力，人們總是不懂欣賞？再努力也沒甚麼意思。」他不再逼自己上進，但看到成績差了，他又感到內疚和自責。

父母天天吵架，母親每天拿他來抱怨：「若不是懷孕了，我才不跟這個窩囊廢結婚。生下這孩子，跟父親一樣都是沒用的東西，跟你們生活多一天便浪費我多一天。」

爸爸總忍不住回應：「你別再說這些鬼話好嗎？孩子已經很慘了，你這樣對他，會嚴重打擊他的自信。好歹你也是母親，除了罵，你可有關心過他？」

媽媽搬了出去，跟她前男友同居，大龍彷彿被全世界的人遺棄，他不再努力，也沒心情上課，同學挑釁他，他總會跟他們大打出手。

升中時，他被派到一所第三組別的學校。班裡有幾個在小六時經常欺侮他的同學，他經常跟那幾個同學爭吵或打架，爸爸每隔一兩星期便要見老師，見多了老師便暗示，他可能不太適合在這裡唸書。

回去覆診，醫生加重了他的情緒穩定劑，卻令他上課時昏昏欲睡。但只要他感到不善意，一樣會攻擊對方起來，如是經過數年，他遇上了另一位精神科醫生，認為他沒有躁狂，也沒有衝動失控，他只是欠缺了肯定、賞識和愛，同時又欠缺了某些執行能力，才令他管不住自己的衝動，也無法作長遠的打算，所以行為上表現出來是「想做便去做，不理會任何後果」。過往所服用的多巴胺阻滯劑令他的大腦更加壓抑，不夠興奮，其失控與欠缺專注問題更加嚴重。

醫生為他進行密集的心理治療，令他暫時將醫生當作暫託母親或小一至小四時的何老師，以補償他自小一直渴望卻無法得到的母愛。另一方面，為了增強他的自制力或衝動管理的能力，醫生給他服用輕量的中樞神經興奮藥物。及後，他的情況有戲劇性的改變，他再沒有發脾氣，上課和做練習也很專心。漸漸他不再需要老師的特殊協助，到了學年結束，他考得全級第一。

不合理擔憂

吳太太已有兩星期沒有好好睡過一覺。十時已躺在床上，到了一時仍在輾轉反側。她感到非常擔心，卻又不知道擔心甚麼。一種悲傷、沮喪的感覺在心裡湧現，令她覺得活著已失去所有意義，了結殘生的感覺愈來愈強，她怕自己有一天會控制不了自己。

好不容易睡著了，卻又突然從夢中醒來，全身冒汗，非常驚慌。

她反覆回想剛發的一個夢。她跟胡授明赤裸在床上，胡授明抽著煙，她則含羞答答，眼泛淚光。

胡對她說：「這樣不是很好嗎？你丈夫繼續有工做，他加班沒時間陪你，我可以陪伴你，滿足你的需要，只要你經常陪我，他一定可以年年升職加薪。你的身材那麼好，樣貌像明星，嫁了給他，就像一朵鮮花插在牛糞上。」

那個年代，吳先生帶著她和兩個兒子來到香港，他懂少許英語，在中環一家洋行工作。

在一次聖誕舞會，她遇上了丈夫的上司胡授明，胡看上了她，開始進行威逼利誘，若她不依，他會令吳先生蒙上利用公司販毒的罪名入獄。她不想丈夫被陷害，最後還是屈服了。

胡更進一步恐嚇她：「若你不聽話，我會將剛才我們親熱時拍下的照片，交到你老公手裡。」

她嚇得全身顫抖，很討厭自己太糊塗。

她每天也活在恐懼裡，怕丈夫有一天會發現自己原來跟他的上司有染。

為了保護自己及丈夫，她趁他生理發泄後，把老鼠藥偷偷放進他的一埕名貴的補酒去。

數天之後，胡授明死了。吳先生接替了胡的工作，她睡了一覺醒來，就將胡授明忘記得一乾二淨，幾十年也沒想起過。

「為何此時此刻會想起這些事？」她感到錯愕。

她突然變得非常害怕：「胡說過曾拍下了我們的親熱照，若今天有人找到這些照片後，把它放上網，讓很多人看到了，他們一定會取笑我，我將會無法面對我的子孫。」

走到街上，她見到人人都在竊竊私語，像嘲笑她。她感到很害怕，想到人人都知道她的事，她不敢離家去。

她整天只是想著她跟胡的親熱照已給放到網上去，孩子們見到便會唾棄她，她要孤獨終老，愈想愈害怕。

她最擔心丈夫知道她跟他的前上司有曖昧的事。這事對他來說會是極大的打擊，她不想他受到任何傷害，亦不想子女知道有個不知廉恥的母親。

她不能告訴任何人有關她與丈夫的上司胡授明的關係，若讓丈夫或子女知道，只會令他們更痛苦，無論怎樣，她也要把秘密埋於心底。

她擔心有一天她會把這秘密說出來，她覺得只有死了才可以保守秘密。

某個中午，趁丈夫見朋友去，她將大門反鎖，喝了半瓶酒，把窗關上，在客廳燃著一個炭爐。

她昏昏欲睡，就在這時吳先生回來了。

他把她送到醫院，她一直在抽泣流淚。

她覺得自己死有餘辜，不想任何人救她。

醫生見過她後說：「吳太太，你的情緒太低落，才令你有這樣的想法。那個姓胡的分明在欺侮你，他威脅你，要把你跟他親熱的照片給吳先生看，你親眼見過這些照片嗎？」

她搖頭。

醫生繼續說：「他只是在恐嚇你，可能根本沒有拍下任何照片。即使有，他已死了幾十年，不值錢的遺物肯定給扔掉了，即使是他老婆，也一定不會把他跟別的女人親熱的照片留下來。」

「即使留至今，幾十年了，你的樣貌也跟那時不一樣。就算有人惡意把這些照片放到網上去，也不會有人認出你。」

她激動地回應：「這點我也知道，可我無法阻止這樣的想法。萬一真的有人把那些照片公開，丈夫和孩子會很慘，朋友會離棄他們……」

無論醫生怎樣說，她也確信她跟胡授明的親熱照已給放到網上去，往後她會身敗名裂。

醫生把她留在醫院，她開始服用抗抑鬱劑。

最初四星期，她不停地說著同一個故事。

到了第六星期，她不再談照片在網上流傳的故事。她感到很奇怪：「為甚麼我會害怕一張可能不存在的照片呢？」

醫生笑答：「那時你抑鬱，情緒極度低落，同時出現了被害的妄想，這妄想的出現令你更加害怕。服藥後，你的情緒漸漸回復正常，所以那負面的感覺也消失了。」

虐夫

C跟同事一起開會至晚上十時，還有兩項議程要討論，他看了看牆上的大鐘，心裡湧現一種不祥預感。

他希望立即散會回家去，不然他便不能安睡。他提議立即散會，明天下午繼續。匆匆趕回家，汽車超速了，給警察截住，他非常生氣。

打開大門，回到家裡，地上盡是殘羹和碗碟的碎片，他嚇了一跳，還未看清楚眼前的狀況，他的臉和肩便感到滾燙，原來一煲沸水給擲到他臉上，他很痛，忍不住大叫起來，眼鏡不知飛到哪裡。

待看清楚屋裡的一切，老婆正將一張摺椅向他打過去，他來不及閃避，頭頂被打中，金星亂冒。

他大叫：「你怎麼了？開會到十時，連飯也未吃便趕回來，你卻不由分說便打我，我是要工作才這麼晚，不是吃喝玩樂啊！」

老婆冷道：「你自說自話要開會，誰曉得你到哪裡去？」

C回應：「你要我怎樣說才相信？」

「你說甚麼我也不會相信的。」她說。

他到廚房去煮麵，地上都是碗碟、刀之類，他忍不住大罵：「你有沒有搞錯！所有東西都要用錢買的，你這樣搞破壞，你有沒有腦的呀？」

突然他的左臉中掌，她左右掌齊發，「啪！啪！啪！」左、右臉輪流中掌。

他用力一推，把她推倒地上，地板上的玻璃插進了她的左手手掌及背部，她拿起一柄菜刀便向他斬過去，他不作思考，拿起一個鋼煲去擋，煲底中刀了，震得他雙手發麻。

他知道若不立即離開，便會在屋裡給斬死。他要奪門而去，她一手把他拉住，繼續摑他，他給打得昏倒地上了。

不知誰叫了救護車，他給抬起到救護車去，送到醫院，他多處受傷，要留院觀察。醫生以為他只是跟老婆吵架，打算為他處理傷口後，便送他回家。沒料到他不肯離去：「醫生，可否今晚讓我住這裡？我擔心就這樣回去會有生命危險。」

原來這幾星期他不住的被老婆毒打和嚴刑審問，不斷問他是否在外面鬼混？跟「那個女人」做了些甚麼？他不回應，她便不讓他睡，無論他怎樣求她，她也無動於衷。

他連番否認和解釋也不能令她釋懷，相反她變本加厲，不住打他，把物件擲向他，拿出菜刀裝作要斬死他，每晚回家也是膽顫心驚。不回家？又擔心兩個女兒……）

離開醫院，在街上漫無目的，不知走了多久，沒留意在哪裡，也不曾想過要往哪裡去。從黑夜走到天明，他忽然想起是時候上班。

回到辦公室，他忙得沒有一刻安靜下來。午飯時候，正感到奇怪為甚麼整個早上也沒人致電給他，拿出手機一看，才知道手機沒有電，他想到的事可多著急，找不到他，老婆一定又會以為他在跟別的女人曖昧，即使他指出那不是事實，她也不會接受。

想到回家後又要接受她的逼供，整晚也不會安睡，他連吃午飯的興趣也失去了，躺在沙發上呼呼睡去。手機響了，他給嚇得跳了起來，以為是老婆來電，沒看一眼便接聽，這也難怪，她以為他會拒接電話，近日經常轉換別的號碼打給他，害得他對每個來電也膽顫心驚。原來是美容廣告來電，他不禮貌地掛斷，繼續去睡。

他很累卻睡不著，即使睡著了，還未入夢便給吵醒。他想著想著：「為甚麼老婆今天還未打電話給我？」他也許忙於工作，沒注意她每晚折騰他，早上送了兩個女兒上學，等他上班後便去睡。若她睡得好，到了下午三時也不會打電話給他。

每晚也沒睡好，白天累得要命，他無法專注工作，情緒也變得非常暴躁。老闆說：「看來你的情緒很不穩定，又經常心不在焉，昨天才落錯指示，你可能患上了焦慮症，不如找個醫生看看，請幾天假休息一下……」

老闆逼他，才硬著頭皮去見精神科醫生。醫生認為他患上焦慮症，才會不能安坐、無法集中。醫生說：「你的病因可能是太太的妒忌妄想。她沒完沒了的審問，讓你沒有一晚安睡，又檢查你的手機、錢包、內褲……」

「醫生，你怎麼知道？你那麼清楚？」他問。

醫生輕皺眉頭說：「你太太可能有病態妒忌。她的妄想愈來愈嚴重，對你的暴力也會隨時升級。你最好帶著兩個女兒到別處暫避一下，不然無休止的審問令你心力交瘁。她已出現了暴力行為，打你和破壞物件，她看來已經失控，最好還是把她送進精神病院接受治療……你的焦慮在她入院後便會迅速康復。」

他始終猶豫，不肯將老婆送到醫院去。某夜，他如常回家，她跟他一起吃飯、看電視。吃過了晚飯，她突然拿出菜刀，表示自己很痛苦，完全不再感受到他的愛，所以希望一死以了斷痛苦。生死瞬間，他抱著她，叫她冷靜，她的情緒逐漸回復正常。他拿去她手上的刀，這時門鈴響了……

大門打開，警察和救護員衝了進來，見地上布滿玻璃、碗碟碎片，立即提高警覺。見C的右手在流血，C太太的手有傷口在滲血，救護員把他們送上救護車。

C不願離去，表示要照顧兩個女兒，也不希望妻子到醫院去。他感到很為難，一方面知道無法阻止老婆的反常行為，另一方面擔心她給送到醫院後，便會強行被送進精神科病房，類似的矛盾思想在他心裡不知轉過多少次。

救護員說：「先生，別擔心，既然孩子也在，便把你們都送到醫院去驗傷，若你們要住院，那裡有醫務社工可以安排孩子的照顧。光看這稀巴爛的客廳，便知道這有多危險，我們不會放心把任何人留在這裡。」

C和孩子接受過檢驗便可以出院，C太太卻要留院觀察，C不情願地帶著女兒回家去。

C太太告訴醫生：「你們都上當了，他就是利用你們把我留在醫院，他便可以跟那個女人風流快活。這幾個月我一直搜集證據，證明他在外面真的有別的女人，所有證據都可以拿出來的，都在我手機裡。你們看，這是在他恤衫領上的唇印，這條長髮是在他的內褲找到的，這幅照片是他內褲裡的分泌物，還有這是安全套的包裝袋，是在他的褲袋裡找到的……在他的汽車裡，我找到兩條內褲和兩件恤衫，他說是用作打球後替換的，我才不相信他的鬼話……」

「還有，他每晚都躲起來用手機，有時一邊發送簡訊一邊笑，他若不是跟外面的女人聊天，怎會那麼開心？我查看他的手機，他竟然鎖住了。昔日他是從來不會把手機鎖著的呢！還有，我有一次趁他不為意，偷看他的電郵和臉書，發現他經常跟兩、三個年輕女士聊天，說的話雖不是卿卿我我，若不是他們有曖昧，又怎會在半夜裡也在互傳簡訊？」

「跟他相識二十年了，結婚十五年，大女兒已十二歲，我一直全心全意待他，做夢也沒想過他居然在外面有別的女人。我問他，他不認，我找過私家偵探也沒查出甚麼。我跟蹤過他，可他像發現我的意圖似的，每天上班下班生活正常，不見他跟別的女人有親密接觸。大概他們早有防範，若我找到那個女人，我一定斬死她……」

她哭了，也許因為沮喪，也許因為憤怒。

說到這裡，相信任何一個精神科醫生也不會讓她回家去，因為讓她回家會有很大的暴力事件風險。

要處理病態妒忌的病人，最好還是先將她與家人分開，以減低不必要的暴力風險，把她留在醫院，服用適當藥物，讓她的妒忌妄想消失才回家去。

結局

她喝了半瓶餐酒，愈想愈生氣：「跟他結婚二十年，從深水埗板間房搬到花園別墅，到現在三個兒子可以在美國唸書，都是靠兩口子拼搏，才有今天的日子。幸好我們當日決定把山寨廠搬到內地才可以發展成今日一家聘有二千多名工人的電子廠。」

「今天日子安穩了，他卻一次又一次跟廠裡的秘書、文員曖昧，最糟的一次更與秘書小姐產下一個女孩，又要脅要跟他結婚，他居然說要跟我離婚，問他愛她嗎？他竟說不知道！」

「幾經辛苦，花了不少錢把她安置好，他也答應以後不見她了，沒想到她移民香港，帶著女兒在西九龍一間豪宅居住……」

數星期前她在街上碰見那秘書小姐，秘書小姐說是帶父母遊香港，直覺告訴她，秘書小姐跟丈夫的關係還未終結，尤其是秘書小姐那不可一世、像在示威的眼神，彷彿在告訴她：「你又輸了！」她心裡湧現出一個很大的疑團，卻不敢質問丈夫，怕從他口中證實了真相。

她不動聲色查看公司的帳簿，發現了公司半年前有一筆高達千多萬元的不尋常開支，財務總監說起這件事有點吞吞吐吐，令她更相信丈夫在外有個女人。

她用盡了所有方法，終於令公司裡的同事告訴她，老闆買了間豪宅作投資。

私家偵探花了兩星期，攝下了丈夫到該單位的錄影，也確定單位內住的就是那女人及她的女兒，更奇怪的是，有另一男人常在那個單位暫住幾天，他可能是那女人的男友或家人。

知道那女人有別的男人，她忍不住冷笑。

私家偵探進一步發現，那個男人名義上是那女子的丈夫，但實際上他們關係疏離，而且他在外面有個要好男朋友，有時他更在男朋友家留宿。這個男人的男朋友是誰？她很想知道。

偵探社傳來新的影片，他竟是她的丈夫！她迷惘：「竟然輸給一個男人，我不服氣！」

她開始沉不住氣：「到底你在外面是否有別的女人？」

他搖頭表示沒有。她播出私家偵探拍下的影片，他呆了一呆說：「我只是上去看女兒，跟那女人已無半點關係，她已有老公呀。」

她再播出另一段影片，是他跟那個男人親熱的行為，他突然很生氣：「你這樣不信任我，跟你一起還有甚麼意思？你生病還不盡快看醫生？」

她激動地回應：「明明是你有婚外情，居然還指我有病。」

他在外面有女人，她本已習慣，只要他回家，不讓她知道他在外面的事就好。想到這次丈夫的小三竟是個男人，她更加生氣，不明白事情為甚麼會這樣發生，這口氣無論怎樣也嚥不下。

她每晚都審問：「你們還在一起嗎？為甚麼你會喜歡男人？」

他總是回應：「沒有啊！那次我喝多了，他又不知我住哪，於是把我送到他一所還未租出去的房子過夜。你知道我們逢星期三都看跑馬和喝酒的，剛好這幾次都喝多了，要他送回去，我跟他甚麼關係也沒有。你別再胡思亂想好嗎？」

「不，你以為這樣說我便會相信？你鬼話連篇的，騙不到我。快說，你跟他何時開始？你們一起時做甚麼？只要你承認跟他有關係，我便立即讓你睡。」她繼續說。

他生氣了：「甚麼也沒發生，跟他半點關係也沒有，你要我承認甚麼？你真的有病，明天快去見醫生。」

說罷他欲去睡，可她的審問仍然持續，令他無法安睡，精神也憔悴了。他提出：「這樣下去不是辦法，每晚到三、四點你還不肯去睡，再下去我們都會熬不住，明天我們一起去見醫生。」

「現在是你有問題，為甚麼要我去看醫生？」她回應，又繼續審問。

他再也受不了：「我求你讓我好好睡一覺，我承認我在外面有女人又有男人，都是我的錯，以後我不再跟他們往來，我只愛你一個……」

「你終於承認了，還有甚麼我不知道的？快說。」她一臉洞燭機先。

承認並不代表審問終止，進一步的盤問開始，且問得很詳細，令他不知怎樣回應。

每天回到家裡，連晚飯也未吃，便給盤問到三、四點，他已不想回家去，有時會在內地工廠宿舍住一、兩星期才回家，問題是她會不停打電話給他，有時更在半夜到宿舍找他，繼續盤問。

最後，他學會了將自己灌醉，回家倒頭便睡，無論她怎樣問，他也沒有回應，有時她強行把他扶起，他便嘔吐，弄得她一身都是穢物。

看著他熟睡，她很生氣，不知想過多少次要把他殺死，可又下不了手。

她決定要跟他離婚。離婚後十多年，他仍然一個人生活，沒有女朋友或男朋友。他們也經常見面，她也沒提他有小三的事。

有一天她問：「你是不是從來沒有婚外情？」他肯定地答：「是，從來沒有。」她內疚：「那我可能一直錯怪了你，難道我真的有病？」

還是無知害苦了自己

L的妻子半夜打電話給我，表示L的抑鬱症復發了，半夜裡打開廚房的窗要跳樓。

L六年前病發來見我，那時他也是情緒低落，感到活著沒意義，覺得自己成為老闆和妻子的負累，記得他抽泣地說：「我死了她就可以嫁個比我好的，不用再跟我一起捱窮……」

花了足足三個月他的情緒才好起來。可他不喜歡每天吃藥的感覺，於是停了藥，待他的情緒低落得不能再上班，他和他的妻子拿著一大包抗抑鬱劑回來，原來他已停藥近半年。

他乖乖地吃藥，情緒又漸漸好起來。他繼續上班，且工作表現良好，升了職，加了薪。他的兒子出生了，他的女兒也出生了。

回來覆診，他笑說：「肩上擔子那麼重，現在一定不可以病，我得乖乖聽你話，每天依時服藥。」每隔四星期便回來見我，他所服抗抑鬱劑的劑量已少得不能再少。

後來，他突然不回來見我，打電話給他，他說：「我仍在吃藥，在公共精神科服務求診。」

沒見他一年多了，這次給妻子帶回來，他的情緒極度低落，呆坐望著地板，我問他也總是沒有反應，他輕聲很慢地說：「讓我死吧！是我自找麻煩，活該！」

抗抑鬱劑再加上腦磁力刺激治療，到了第六周，他嘗試上班去。

回來覆診時，他告訴我之前不回來覆診的故事：「不知是否少了運動，體重增加了，翻開周刊，見到一則生理自然減肥消脂的廣告，一個月可減二十磅，不用捱餓，也不用做運動……我便去試試。」

「一位自稱是在美國從事納米藥物開發的博士表示：『我親自開發的生理自然治療不但可以減肥，同時也可以治療情緒病、免疫系統毛病及癌症，那些藥物經納米技術標籤，透過電腦無線遙控，藥物會走進你的腦袋，直接依附在腦袋中，負責感受飽和滿足的腦區，令你經常感到飽，不想吃東西，體重也因此漸漸下降……如果你有抑鬱症，我們可通過電腦遙控，指揮藥物到腦部的情緒迴環，當藥物依附在那裡的神經細胞，便起活化促進的作用，讓凋謝了的細胞重新生長，情緒便會好……』」

「當時我覺得他的說法很科學，既然這麼簡單的方法便可把抑鬱症治好，且完全沒有副作用，這一點我覺得值得嘗試。你要我一生吃藥預防復發，他則告訴我一個療程便可斷尾，我甚至懷疑一直以來你在騙我……」

當L聽見人家說生理自然療法可以令他永遠康復，不用吃藥，他彷佛在多年跟抑鬱症的掙扎過程中突然看到了希望。他不再深究治療的方法是否有效，立即便接受有關的治療安排。那「治療師」不但要他一次過支付五十萬元，說會保證完成療程後不復發，還要他承諾停止其他治療，否則治療完畢發現無效，也不會退款……

第一天，那治療師給他服用了納米藥丸，據說那藥丸會根據電腦的遙控走進腦部的邊緣系統，令情緒迴環的神經細胞再生，從而克服因血清素、去甲腎上腺素及多巴胺活動功能低落的問題，令情緒迴環的訊息傳遞和電流恢復正常。

到了第二天，那治療師為他的腦袋作功能生理掃描，清楚顯示了那些納米藥物分子全部都依附在情緒迴環的神經細胞上。

為加快療程，治療師要他戴上一頂磁石製的帽子，將腦中的納米藥分子磁化，使神經細胞受體在直接磁力刺激下產生微電流，令阻滯了的情緒迴環的電流恢復正常，這項磁化治療又要他多付二十萬元。

那治療師治療了他兩星期，吃了幾片藥丸，戴了幾天磁石帽子，再做了一次功能生理掃描便告訴他，他的情緒迴環的電流已完全恢復正常，以後也不用回去覆診。

L當時自我感覺良好，睡得穩、胃口好、精力充沛，更把這種治療方法推介給病友。

可是過了半年，他的情緒開始變得沮喪，早上四時便醒來了，覺得自己一生失敗，活著只會令老婆痛苦，於是想到自我了斷……

經過治療康復後，他回想當日上當的原因有幾個。那治療師用了很多科學術語，且其理論說得頭頭是道：「你解釋腦磁力刺激治療時，也是說情緒迴環的電流受阻才抑鬱，經過強力的磁力刺激，令神經細胞產生微電流，以克服神經傳導物質功能低落的阻滯……他說的話跟你說的也具同樣說服力啊！唯一不同的是，你會清楚說明腦磁力刺激治療對於醫治抑鬱症的療效，經嚴謹的科學研究證實高達七、八成，他卻沒有說明那些『科研技術』的療效或治療是否經美國食物及藥物管理局核准使用……」

「現代醫學太複雜了，一個普通人實在難以肯定報章廣告的描述是否屬實，也無法分辨真正的醫生還是明星代言人所說的話是事實。也許周刊的廣告會令人產生一種直覺，最大篇幅、最常見的、最多人光顧或廣告曾得獎的，一定是好的……」

那滴淚水很重很重

一年多了，你總是覺得自己不稱職，辜負老闆對你的期望。未能專心工作，經常出錯，不少接近限期的工作你也忘記做，幸好同事間有默契，看出你近日心不在焉，都主動分擔你的工作。自己沒有把工作做好，你更加感到內疚，你覺得自己沒有用，平白無故的加重了同事們的工作量。

老闆認為你工作過勞，身心俱疲，所以叫你放三個月大假好好休息一下，但你擔心放假會增加同事的工作壓力，即使很累，也拖著疲乏的身軀上班去，回到辦公室，你做甚麼也感到力不從心，平日駕輕就熟的工作，你也感到難以應付。

你不想見客，也沒有跟同事外出午飯，朋友的邀約都全部推掉。回到家裡你總是悶悶不樂，提不起勁。平日愛看韓劇的你，即使媽媽告訴你，你喜歡的明星新劇已可追播，你也只是沒精打采地坐在沙發上，對著電視機發呆，看到精采刺激處，媽媽不禁尖叫起來，可你一點反應也沒有，你沒有覺得劇集好看，也沒有覺得不好看，應該說即使看著喜歡的劇集，你再也沒有愉快的感覺。

晚飯也沒胃口吃，爸爸見你日漸消瘦便擔心起來，他叫你看醫生，但你堅持自己沒有病，只是工作壓力太大。

你獨自在房裡，想很多事。你怕自己真的會患上抑鬱症。不知道哪裡來的想法，如患上了抑鬱症，你的一生便完了。朋友會離棄你，老闆會把你辭退，甚至鄰居知道你有抑鬱症，也可能會逼你們一家遷走。沒有朋友，也沒人接受，你感到非常孤獨。

你希望自己只是暫時性情緒低落，希望以意志去克服當前的困難。

你跑去看中醫，那老中醫卻認為你患上了抑鬱症，要看精神科醫生，他的話像一根根的針刺中你的心，你不敢再回去見他。

你逼自己做運動，但到了健身房，你連跑步的氣力也欠奉。

早上五時醒來便再也睡不著，你只想到將來再也沒希望，家人、同事和朋友都叫你看醫生，但你不想面對，痛苦得臉部扯作一團。

最後媽媽帶你去看精神科醫生，走到診所門口，你想立即回家去，你對媽媽說：「我真的沒有病，不要花錢看醫生。」

媽媽拉你進去，你對醫生說：「是媽媽逼我來的，我不可能有抑鬱症，我不會吃藥，就讓我這樣生活好了。我對不起大家，浪費了你們的時間。」

說話時你的臉無助而委屈地抽搐著，一滴淚水從左眼角滲出，然後急速沿頰滾落。

一種被遺忘了的精神病

嘉琦從的士下來，雙手捧著肚子走進急症室，臉上露出了痛苦的表情。見到護士便說：「姑娘，我的子宮正在劇烈收縮，孩子要出世了！」

護士看了她一眼，見她很胖，肚子又高高隆起的，伸手去摸她的肚，又好像摸到正在收縮的子宮，便立即叫她躺下，然後找醫生看她。

超聲波檢查和尿液檢查都找不出她懷孕的跡象。她卻躺在床上表現痛苦，並告訴醫生她的子宮正在劇烈收縮。醫生告訴她沒有懷孕，她不相信，她一臉恐慌和迷惘，叫醫生找她的同居男友。

二十分鐘後她的同居男友到了急症室，見她痛苦地在床上呻吟，只是冷冷地望了她一眼，並沒有關切或擔心，他說：「她每到月經第二天便會發作，有時語無倫次，有時告訴別人她懷孕了，也有時連續一個星期不睡、不說話……」

「她每個月都會這樣？」醫生問。

「不是，我跟她一起生活三年，這是第五次發作。每次都是在月經來了第二天便發作。半年前她也因為同一理由來過這裡，其他三次則在過去兩年發生，我都把她送到醫院去，醫生要她去看精神科，她也曾入住精神科病房，可觀察了幾天，她便一切回復正常，連藥也不用吃便可出院。」

「沒有醫生能告訴我她到底有甚麼病，精神科醫生説過她可能患上了『心因性精神錯亂』。然而，我不相信她這情況是心理因素造成的，因為她每次發作，也是在毫無刺激或先兆下發生的，而且總是在月經的第二天。」她的男朋友説。

醫生對她的情況甚感興趣，翻查過典籍，發現在十九世紀時一位叫 Krafft-Ebing 的醫生在其著作中描述過十九個類似的病例，他稱之為「月事周期錯亂」，然他的觀察和假設卻被人遺忘了，到了今天，大多數的精神科醫生也沒有這方面的知識，所以無法確診她所患何病。

有關月事周期與精神錯亂的研究告訴我們，在月訊來前後三天，女性體內的女性賀爾蒙偏低，而在邊緣系統的多巴胺 D2 受體會反應過敏，因而出現短暫的精神錯亂。

第五章：人生本是不完美

人生大概不完美

你跟他一起生活快十年了，你們都希望有孩子，可總是欠了些運氣。他忙於生意，你也忙於工作。

每天，你們六時半起來，天氣好便在陽台一起吃早餐，聽聽鳥鳴，下雨天便一起在廚房對著風雨中的草樹吃早餐，然後他開車送你到港鐵站，再回自己的公司。

黃昏，你先回家，打點一下各傭工的工作，再親自下廚煮菜。九時許他會準時回來跟你一起吃飯，飯後一起看一會電視或聽一會收音機，十一時許你們便睡覺去。

星期六，他如常上班，你在家裡整理花園或外出跟朋友喝個下午茶。晚上，不是家庭聚會便是出席各種派對，然後一睡到翌日中午。

沒有運動，也很久沒有外出看電影或聽音樂會。每年你們總會外出度假三數次，世上不少人渴望會去的地方你們也去過了，連南、北極也去過，喜馬拉雅山也踏足過，被發掘出來近五千年的古城也到過，人生大概如願。

你們在朋友面前是恩愛一對，可你們每天彼此跟對方說的話也許少於十句，拖著他的手少於五分鐘，上次接吻是甚麼時候，要想一會才記起。

關燈後，他立即進入夢鄉，你則輾轉一會才能入睡，幸好他從不打鼾。有時半夜醒來，你會問自己：「日子過得幸福嗎？」

你這樣問，大概你感到你們之間已經出現問題，你卻還未發現那是個怎麼樣的問題。你不是故意逼自己去思考這個問題，而是心裡突然泛起的一個疑問。

你不想回答這個問題。你在黑暗中望著他笑，笑得眼淚也滲出來，濕了枕頭。

房裡的各種電掣、電子器材的顏色指示燈，讓你回到十多年前的某夜，你們在撒哈拉沙漠中躺在地上看蒼穹的一刻——你覺得冷，他叫你爬進他的睡袋，星光恆古遙遠，兩顆心都緊貼一起，聽得見彼此的心跳。

每天都同蓋一被的這個男人，你對他認識嗎？不肯定。

你感到自己這十年來都在跟他重複過著每星期的生活，有時你會覺得悶。

五年前他告訴你要去法國探訪他的生意合作夥伴。

一星期後他回來告訴你：「談好一宗大生意，每個月可能要到歐洲一趟。」

他不在家的日子，你愛在外晚飯，你不喜歡獨個兒在家吃飯的感覺……

* * *

他不在家，你吃甚麼也感覺不到美味，寧願在辦公室附近的小餐廳隨便吃個晚餐才回家。那餐廳中午很擠，黃昏則客稀，去了幾次，服務員總會領你去同一個座位，那裡有二十張檯，客人只有八、九檯。對面檯的男士也是每晚坐同一張檯，他最愛吃C餐及洋蔥湯，點了餐便拿出一本心理分析的書專心地看。

他看上去跟你年紀差不多，沒戴眼鏡，全身都是肌肉，約六呎高，每次都穿運動裝。你開始留意他，愈看愈覺得他俊俏、平易近人，他除了舉手示意要點菜和結帳，從不主動跟別人搭訕，也從未見過他拿出手機查看資料。當服務員跟他聊天，他總是滔滔不絕談笑風生。

某夜，一個服務員慨嘆自己的孩子要考試，緊張得睡不著，為了幫他準備考試，下班後還要陪他溫習，有時凌晨二時才睡。她問那顧客該怎辦：「醫生，我的兒子……」

他把嘴裡的牛扒慢慢咀嚼，然後吞下，把刀叉放下才回應：「你送兒子去唸書是為了求學問，還是考試？」那服務員回應：「求學問。」

他繼續說：「那便不要理會考試，只要他喜歡上學、喜歡學習、喜歡看書，成績一定不會太差。相反，你這樣逼他，會令他害怕學習、失去自信……」聽了幾次他跟別人的對答，你對他充滿了好感，有時在夢裡也會跟他相遇，連男伴在家的日子，你也開始不回去，你覺得在那家小餐廳吃飯較暢快。

男伴告訴你他要去歐洲六星期，你只是輕快地問：「好的，甚麼時候出發？」連他也忍不住問：「為甚麼聽見我要去外地，你會那麼開心？」你沒有回應，只是輕輕一吻，把他的嘴巴封住了。

他要走了，你開車送他到機場，如常地擁抱吻別，此刻你卻有點害怕，你像送別一個家人而非男伴。沒有預期的牽掛，也沒有百般叮嚀，只是一句：「玩得開心點。」

他有些意外，昔日你總會說：「我會好想你，打電話給我。」

送別了他，你回家去，那夜你睡不著，白天無法專心工作。好不容易到了黃昏，你到那家餐廳去，他還沒有來，你不耐煩地望著他慣坐的檯，卻只有兩張空椅子。

一位身材健碩的男子進來，走到那張檯前坐下，你心裡一陣喜悅，看清楚原來不是他，你若有所失……

你心裡感到難受：「為甚麼他還不來？」

又過了一會，他來了，見到往日的檯給別人佔了，他正要到另一張檯去，可是打量四周，不知怎的那夜餐廳生意特別好，所有檯都給坐滿了，他有點失望，見到你，聳聳肩，笑笑欲離去，你忽然叫住他：「若不嫌棄，一起吃個晚飯吧！」

他以感激的笑容答謝你的邀請。他好奇地問：「你總是獨個兒吃晚飯，親人都不在香港？」你立即點頭。你擔心他會問你是否已婚或有男友，你倒覺得他這樣問非常得體。「那你呢？」你問他。他笑答：「父母搬到上海去住，姊姊在三藩市工作，就只有弟弟跟我住，可弟弟也搬進大學宿舍……」他這麼說已明確表示他沒有妻子或同居女友吧！

你跟他一起做運動，星期天又跟他揚帆出海，他告訴你：「駕著帆船到南中國海，一望無際不見陸地，只有幾隻帆船，和一群海豚，覺得很自由，尤其星空之下，只聽見風聲浪聲，感到自己非常渺小，人世間一切名利得失都已不重要……」

你總愛聽他說故事，他也總有說不完的故事。

跟他一起令你感到年輕和浪漫，這種感覺已經久違了。漸漸你好像已經忘掉你的男伴，你甚至希望他在歐洲永遠不回來。他的電郵與訊息你也沒興趣看。

每天上班，你只渴望快點下班跟他一起去健身房，他教你使用各種健身器材，也讚你的身形愈來愈好。到那家小餐廳吃飯也是必須的，吃過了晚飯你或會到他家去，又或者直接回家去。

他欲開車送你回去，可你總不讓他送：「一來一回太遠了，你不如早點休息！」

某夜，你突然從夢裡醒來，心情複雜：興奮、愉快、擔心、害怕……甚至有點得意忘形。

夢中你見到自己的肚子隆起來，醫生說你懷了雙胞胎。你很喜歡那種感覺，你輕撫肚皮，你希望跟他生個孩子。

第二天，你把晚上的夢告訴他，他想也不想便說：「生個孩子也不錯，那我們可以一起生活……」

那夜他要送你回家，你卻堅拒。他忍不住說：「難道你有不可告人的秘密，總是不准我送你回去！」

你無法再推搪，隨便說個不太遠的地址——太子道。你下車，待他走了，你立即跳上一輛的士……

* * *

那夜，氣溫驟降。午夜，他打電話給你說：「冷嗎？一個人睡很冷，很想念你在我被窩裡溫暖的一刻。」

這樣的話是你想聽的，可你回家後聽見他的電話，只是冷冷地回應：「人情總有冷暖，去睡吧！」

你每天下班跟他一起運動、健身，到那家餐廳吃晚飯，然後到他家，翻雲覆雨後便回家。他如常送你去太子道，到達後，他提出進一步要求：「你不請我到你家去？」

「真的想到我家？」你問。他點頭。

「你得答應我，無論見到甚麼也別失望或難過。」你說。他點頭，準備下車。你說：「別下車，開車往西貢，我住在……」

他睜大眼望著你：「甚麼？西貢？你不是住在這裡嗎？」你搖頭。

「這兩個月你一直要我送你來太子道，原來只是……」他不敢說下去。

「我一直堅持你別送我啊！因我不想你知道真相。」你說。

他一臉疑惑，安靜地開車。經過了保安檢查，駛進一間獨立屋前，他驚訝地說：「原來你住在一個大房子，有三、四千方呎吧！」

你領他進去，叫家傭為他弄咖啡。他呷著咖啡，試探地問：「你真的獨個兒住在這裡？」你笑著回應：「若我說這是我男伴的房子，你一定不相信，那便當我一個人住好了。」

你見他那奇怪的表情，知道他日後也許不敢再來，索性留他過夜。激情過後，你已呼呼睡去，可仍然感到他在輾轉反側。你知道他曾打開你的衣櫃，大概他見到你男伴的西裝和皮鞋吧。

早上，你們在陽台吃早點，鳥兒如常歌唱，只是你面前換了個男人。

過了幾天，你發現自己懷孕了，這不是個好消息，男伴到歐洲四個多月了，現在通知他懷孕，大概不是個好主意吧！

你索性來個驚喜探訪，早上突然出現在男伴的房子面前，天空剛泛白，地上鋪了一層淺雪。他應門，見了你大吃一驚：「幾個星期沒你的消息，為甚麼突然到來？」

你最佳的本領是以唇吻他代替說話。他陪你遊玩了兩天，便得繼續工作，你也不想留下，他送你到機場，離開前他提議：「待我處理好這裡的事，回去後我們結婚好嗎？」

你點頭答應。航班上，你覺得自己荒謬極了。你明知男伴在跟別人生活，而自己懷了另一個男人的孩子，卻答應跟男伴結婚……

你回家後，立即打電話給他，可他的號碼已取消了。你提著行李箱趕到你們經常一起吃飯的餐廳，黃昏七時，星期五。你坐在同一位置，心裡盼望：他快來了！

你開始不明白自己到底是個怎樣的人，離開香港，跟一起十年的男伴相處時，你完全沒有想起過這個餐廳偶遇的男人，可答應了跟男伴結婚，在回港航班上你已想著這個餐廳男人，甚至立即要見他。

你要見他，卻不肯定自己會做甚麼。告訴他你要結婚了，新郎不是他？告訴他你懷孕了，而他就是孩子的爸爸？你的心很亂，從不想傷害這個男人，卻又肯定你最後會跟他分手。矛盾得很，既然要跟他分手，心裡卻又想見他。有時你會想，不如跟他一起生活好了，有了他的孩子，他也不曾背叛過你，相比之下，一起十載的男人跟前妻餘情未了，且外面也有不同的情人，他即使跟你結婚，你也不能相信他只會疼你一個，跟他一起便得容忍他跟別的女性有關係。

你把服務員送上的一杯水喝光。老闆娘為你添水，問：「你獨自一個人來？他……」她似乎立即知道自己問了一個不該問的問題。

你勉強地回答：「剛從外地回來，家裡沒人煮飯，所以……」

她說：「你跟他在同一天開始不來吃晚飯，我以為你們一起到外地去了！」

你覺得有點意外，開始擔心起來。你希望他會來。坐了一會，你很累，隨便吃了些甚麼便走了。那夜，你想他想得無法入睡。

你如常每夜到那家餐廳吃飯，他沒有再出現。到健身房去也不見他蹤影，他的手機號碼取消，WhatsApp 也沒人看。你忽然感到恐怖——一個你那麼喜歡的男人，腹中更懷有他的孩子，你居然連他住在哪裡也不知道，他工作的地點你也不知道。你翻查全港醫生名冊，竟然沒有他的名字，你又到運輸署去查問他開的車的車牌，希望可以找到他的住處，車主竟是一家海外註冊的公司。這個稱他是「醫生」的人竟然不是醫生，就這樣他像人間蒸發了。

即使再也見不到他，你還得好好活下去。男伴回來了，你告訴他你懷孕了。他表現雀躍：「那我們得早點結婚！」

婚後你又忙於準備孩子的到來。你懷的是雙胞胎，兩個男孩出世後，你格外忙碌。至於誰是孩子的生父，你決定這世上只有你一個人知道。

四月

踏進四月，你的濕疹又發作了，充滿陰霾的天空讓你感到難以呼吸。事實上，你的哮喘在這個月已發作了三次。

鬧鐘已不知響了多少遍，你都懶得起來，潮濕的空氣從窗口滲進來，牆上滲出水珠，被子像剛從水裡撈起來，沉甸甸的。即使天氣悶熱得令你冒汗，你也懶得去開冷氣，只是摟著阿花的骨灰盅，半臥在床上發呆。你甚麼也不去想，卻甚麼也衝著你的腦袋而來；你甚麼也不想做，可你的手機短訊收不停。上司、同事、同學、父母親、姊姊都來了短訊，你只是往手機看了一眼，不想細看每段內容。

半睡半醒？還是走肉行屍？窗外杜鵑啼個不停，整個山谷也是杜鵑血啼的迴響。你左手捧著阿花的骨灰盅，右手輕輕的自上而下地撫摸著，就像昔日睡到中午的星期天，阿花餓了跳上你的床，不住的「喵！喵！喵！」，你總是把牠放進懷裡，輕輕撫摸著牠。

你跟阿花相依為命快十年了。這十年，你勤奮地工作，每天十二小時以上，只有星期天和節日才會休息，或者你不想休息，因為閒下來心情便會下沉，昔日之種種就會在心裡重現。你不想回顧，卻又不住去重溫。

十五年前，跟你一起快五年的女朋友寶倩，在你們把結婚請柬寄出後三天，跟另一個男人去了非洲。她沒有跟你交代甚麼，半句話也沒說便跑掉了，連她的父母也不住問你，她到底發生了甚麼事，可憐的你還要打電話通知所有親友婚宴、婚禮要取消。

也許生氣，也許接受生命的無奈，你沒有半句怨言，只怪責自己做得不夠好。為了讓自己好過一點，你寫了一封長達五十頁的信給她，你不知她到哪裡去了，那封信便擱在書架上，沒有寄出。漸漸你已忘掉那封信，只記得寫過這幾句：「感謝你為我帶來一生中最美妙的五年，然後再給我一個自由身，向世界出發！」

信封好了，感情也像畫上句號。那天，陰霾中透出陽光，你到公園跑步。陽光耀眼，春暖花開，英雄樹、宮粉羊蹄甲與火燄花爭妍鬥麗。那夜你睡得很好，在夢裡見到她。

從那天開始，你總愛在早上到公園跑步。數月後，蟬鳴的早上，一位跑步的女孩跟你點頭微笑，每個早上碰到她，她都跟你點頭微笑。朝陽下她的牙齒和頭髮都發亮，還有她臉上的汗珠也在發亮，那健康的膚色實在非常好看。那時，你覺得人生最大意義就是早上到公園跑步。

你們每天在公園跑步，步伐愈來愈一致。她叫張妙雨，喜歡看雨和養貓。

妙雨經常到你家過夜，你覺得她該搬進來一起生活。你為了自己的未來，鼓起勇氣走進前度女友寶倩住過的房間，把她的所有物品放進幾個紙皮箱，然後送到迷你倉去。你已經有一年多不敢踏進她的房間，裡面積了一層灰，每次經過那房門，你的心也會痛一下，你今天終於走進去，但仍舊不想把她的東西扔掉，雖然不知她身在何方，你卻擔心她有一天會來取回物品。

妙雨和四隻貓搬了進來，妙雨跟你同床，四隻貓兒住在寶倩住過的房間，你們跑步、上班、弄貓為樂。貓兒雖有自己的房間，可是可以在屋裡自由走動，為了讓貓兒隨時找你們，睡覺時你們的房門打開。

無論冬夏，四隻貓兒都愛在你們睡覺時跳上你們的床，伏在你們上面睡，冬天有時還鑽進被窩裡去呢！

某天，她帶著十三歲的玉兔去看醫生，回來後便抱著貓兒哭個不停，原來貓兒患上腸癌，並已經擴散。看著牠的體力愈來愈差，身體愈來愈瘦，最後連站起來的氣力也失去了。你陪著她帶玉兔去看醫生，醫生對你們說：「牠也是很痛苦，不如給牠注射，讓牠舒舒服服地離開！」她強忍著淚抱起玉兔，醫生為玉兔打了點滴。半晌，玉兔便在她懷裡睡去。

玉兔是她嫲嫲送給她的十六歲生日禮物。嫲嫲送玉兔給她後，便心臟病發去世了。她一直守護著玉兔，只要玉兔伏在她腳上，那暖暖的感覺就會讓她感到嫲嫲彷彿仍在身旁。

玉兔死了，她很痛心，最疼她的人和貓都離她而去，世上就只剩下自己一個，十分孤單。她哭了幾星期，將玉兔火化後，把骨灰放在客廳的書架上，每晚睡前總會抱著玉兔的骨灰盅，對它說幾句話才去睡。

失去了玉兔，她更加疼愛西瓜、波仔和阿花三隻貓兒。你們一家五口的日子也過得很快活。

你們一起生活三年了，為了貓兒，你們都沒有外出旅行。最近，她的一位好朋友在美國結婚了，她不得不去一趟，可她心裡記掛著貓兒。你答應留在家裡照顧貓兒，她卻希望你一同到美國見見她的好朋友，無奈只好將貓兒送到酒店去住，她也實在誇張，要酒店的負責人每天把貓兒的照片以短訊傳給她。

一星期後回來，酒店負責人告訴她：「西瓜和波仔被人偷走了！」她哭了幾天，四處找也無所獲⋯⋯

失去了西瓜和波仔，只剩下阿花在家，你和妙雨忽然覺得屋裡很靜，再也聽不見西瓜和阿花的吵架，也不見幾隻貓兒在客廳走來走去。

你很內疚，因為出國旅行是你提出的。就此妙雨掙扎了近半年，一方面想到跟你一起快三年了，仍未跟你去過一次長途旅行，覺得欠你太多了，另一方面她實在捨不得三隻貓兒。於是你提議把貓兒送到酒店去，她雖然萬般不願意，既擔心酒店員工不能把貓兒照顧好，又擔心幾隻心肝寶貝會在那裡得到傳染病。可你一再確定那家新開的動物酒店非常衛生，又有二十四小時錄影，她才勉強答應跟你去一次旅行，只是沒想到保安那麼好的酒店會發生偷貓事件。

你不住道歉，她輕撫你的頭和背說：「算了吧，我沒怪你，你也不用道歉。我們已經失去了兩個孩子，不想連你也失去，以後就只有阿花跟我們過日子。」

阿花失去了同伴，也顯得很落寞，失去了平日的活潑，整天在沙發上睡覺，你們吃飯時牠也不再跳到餐桌上去。妙雨說：「阿花比我們難過。」

「不如我們為牠找個伴。」你說。

她搖頭說：「不，就讓我們好好照顧阿花，待牠終老後，我們不再養貓，我要生孩子。」

你到歐洲受訓一個月，她在家裡照顧阿花。你掛念著她，也掛念著阿花。本來每天都會通視像電話，可過了三星期，她的電話接不通，給她短訊和電郵也不見回覆，打電話回家又沒人接聽，你擔心得很。你很想立即趕回來，卻又不好意思提早結束還有兩日便完成的培訓，而且培訓完畢還要考試，及格才可以升職。你心不在焉地考完試，總算及格。歸心似箭的你跑到機場，乘最早的航班回來。

你再打電話給她，她沒有接聽。匆匆趕回家，大門打開了，見到前女友寶倩。她毫不客氣地說：「在外地過了幾年，盤川已經用盡，如今回來連租屋的錢也沒有，想起了你，便乘的士過來，幸好沒有扔掉鑰匙，想不到門鎖仍可以打開就進來了。大概你不換鎖就是希望我有一天會回來吧！回來不久，一位女士也回來了，我告訴她我是你老婆，她不相信，我給她看我們的結婚照，並告訴她這房子是我們一起買的，這次回來是要跟你生孩子……她沒說半句話，走進你的房間，半晌出來，提著一個行李袋和一隻貓，沒說半句話便走了……」

你給氣得全身顫抖：「你這人真無賴！當日是你悔婚跑了！我們還沒有結婚呀……」

* * *

你跑了出去舒一口氣。你到海邊漫無目的地散步。忽然想起了妙雨，你打電話給她，這回她接電話了，她冷道：「既然你要跟她生孩子，我想我最好退出，祝你們永遠幸福快樂……」

你解釋：「是她在婚禮前突然消失，我難道要一生等她不成！是她自己放棄的，絕不能怪我有別的女人。你放心好了，我只愛你，只想跟你結婚。至於她，我把房子賣了，以後便再無任何轇轕的了。你大概是誤會了才搬走，我想你立即搬回來！」

她抽泣著說：「她擁有房子的主權，一定會賴著不離開。若我再回來，，她要是把我趕出去，我又可以做甚麼，我還是自己生活好了……」

你忽然非常生氣：「既然要離開我，便用不著找任何藉口，大家都走吧，就讓我孤獨一人好了！」

她跟你說只要你屋裡那個女人走了，她是樂意搬回去的！

你立即回家，打開大門，寶倩不見了。你見不到她心裡舒暢了。沒想到走到睡房，你看見她將妙雨留下的衣服放在一個垃圾袋預備扔掉，並喃喃自語說：「以後我們兩口子可以安安樂樂生孩子了，那個骨灰罐子放在家裡不吉利，我已把它扔到垃圾房……」

你非常生氣，你最討厭她碰妙雨的東西，玉兔是妙雨的命根，她居然將玉兔的骨灰罐子扔掉，你摑了她幾巴掌，還未來得及回應便給打倒床上，你的怒火已經燃得熊熊，你要殺死她以泄心頭的憤恨。你不住打她，這是你一生也未想過會做的事。

不知打了多久，你喘著氣全身冒汗。寶倩躺在床上沒有反應，你探她的脈搏和心跳，你大驚，她的心臟停頓了。你即使厭惡她，想過要把她殺死，冷靜下來，你又不會要她死，只要她遠離你，以後各有各的世界，她便在你的記憶裡消失，她死與不死實在一點也不重要。

你立即為她進行急救，你用力重複快速按壓她的心臟，為她進行人工呼吸。就在這時，妙雨回來了，她見到這情景便怒火中燒，想起剛才你說要跟她結婚，現在兩人卻在床上。她已不需任何解釋，她別過臉往大門跑去，正為寶倩急救的你不肯定要繼續急救還是追上去。

你決定繼續為寶倩進行急救，還把她送到醫院去。

你打電話給妙雨，她的母親接了電話哽咽地說：「她……」說了一個字已泣不成聲。妙雨媽媽在哭泣中告訴你：「她回到家裡便覺腹痛，小睡一會叫她起來，她衝進廁所，不一會便倒在地上發出巨響，馬桶裡都是鮮血，我們立即把她送到醫院去。醫生說她懷有雙胞胎，但同時發現有個直腸腫瘤，要立即做手術，接受化療，這樣胎兒就保不住了。」

你立即去看妙雨，你欲道歉，她笑說：「到了今天我覺得一切已不重要。醫生說我最多還有兩年時間，而且胎兒很難保住，但我成功求他先為我切除毒瘤，待我把孩子生下來再做化療。我知道你很想要孩子，我希望可以在有生之年為你圓夢……」

你的眼睛紅了，你說：「我跟她沒有任何關係，你見到的一刻是我一時氣憤把她扼得心跳停頓，所以為她進行急救而已……」

她回應：「我不是說過都不重要嗎！只要有你在我身邊，陪我度過每一天便好，我們用不著花時間去討論她的事。」

她堅持要繼續懷孕，也許她的意志很強，做了第一次腫瘤切除手術後，連醫生也覺驚訝，擴散至肝臟的小粒不見了，而且她精神很好，胎兒健康成長。

到了三十八周，剖腹取出兩個孩子——大的是哥哥，小的是妹妹。你們很高興，她的身體也一切正常。家裡多了兩個嬰兒，變得非常熱鬧，你們也沒空去照顧貓兒阿花，牠有時會妒忌跳上嬰兒床「喵喵喵」地抗議。抗議時牠全身的毛和尾巴也豎起，好像長大了很多似的，但兩個嬰兒繼續睡覺不理會牠。

一家人生活開心。孩子交由岳母照顧，每天下班兩口子一起去岳母家吃晚飯看孩子，到了星期五晚才接孩子回家去住。為了孩子可以入讀好的校網，兩人決定搬到九龍塘住。

幸福快樂的日子往往暗藏著警號。某天，你接到醫院的電話，指妙雨被一輛衝上行人道的私家車撞倒，奄奄一息。你連忙趕去急症室見她，你第一次感到香港的士實在開得太慢。

她在深切治療部依靠各種維生機械來維持呼吸，她已沒知覺，叫她也沒有應。她知道你來了，眼角偶爾滲出一兩滴淚珠兒。

醫生說：「她的腦部太腫了，恐怕捱不過今夜，她登記了做器官捐贈者，我們會尊重她的遺願……」

你說：「好的，她能幫一個人便會開心多一分，我願她到了另一世界也開開心心……」

喪禮後岳母繼續為你照顧孩子，每天下班你如常去看孩子……回到家裡，只有阿花陪著你……

* * *

除了星期六、日可以帶孩子回家，星期一至五你都是跟阿花一起。妙雨離世個多月後，正是黃梅時節，天空充滿陰霾，你的皮膚突然痕癢難當，半夜裡更是咳個不停，呼吸困難且會發出高頻的聲音。你自己開車到急症室去，經檢查後證實你哮喘和氣管敏感，由於敏感反應全身都很癢。

你記得這哮喘和皮膚敏感在你五、六歲時出現過，病發前你的爸爸告訴你：「你的母親帶著弟弟走了，以後也不回來的了！」你見到爸爸每天喝醉後便大哭，你很害怕。你偷偷告訴嫲嫲，爸爸整天在喝酒，嫲嫲罵了爸爸一頓，第二天爸爸在工作中從高空掉下來死了。你把爸爸送上山，回家後便全身痕癢，感到無法呼吸，最後給送到醫院去。醫生指你有哮喘、肺炎、白血球過多，你留在醫院差不多一個月，醫生給你服用了類固醇，你的咳和氣促才消失了。

每到季節轉變，你的皮膚敏感和哮喘便會出現，到了十歲那年，嫲嫲去世了，叔叔想把你送到媽媽那邊去。你不去，然叔叔告訴你，不跟媽媽住便得到孤兒院去。你卻寧願住孤兒院也不跟媽媽同住，上了中學你便入住寄養家庭，只有在節日或假期才跟媽媽一起過。

後來你從媽媽口中得知，當年她懷孕了，你生父卻在內地做生意被扣留了，她無計可施，你的「爸爸」那時追求她，為了生活，她只好嫁給他。他早知道自己因兒時患過腮腺炎而令他無法生育，所以知道她懷孕了當然樂意接受。媽媽對你說：「你『爸爸』是個大好人，他真的當你是親兒子。都是媽不好，你兩歲時，你的生父回來了，這回可糟透了，我居然生下一對雙生兒，你的『爸爸』表面開心，心裡實在難過，每晚睡不好，酒也喝得愈來愈多……我要求分開，他不肯，不住留我還容忍我跟你生父來往，但我知道這樣做只會繼續傷害他，所以最後只好忍痛把你留下來……現在你不理我，不肯跟我同住我是可以理解的，我也不敢奢望你會原諒我……」

你始終認為自己只有一個「爸爸」，對生父表現冷漠，到他死時也不曾叫他一聲「爸爸」。你跟兩個弟弟的關係算好，但對媽媽的態度也是冷漠的，你跟她過節吃飯、陪她，為的只是如嫲嫲所說——盡孝道而已。

妙雨離世，你的皮膚敏感和哮喘本來康復了近三十年，但又再發作了，你開始聯想到，這些病可能跟失去至親有密切的關係，至少這是失去了愛或渴望得到愛的生理反應。

記得爸爸去世時，你沒有哭，心中只有憤怒，因為你覺得爸爸是媽媽害死的。事隔多年，清明節你帶著兩個剛會走路的孩子上墳去，你在他墓前，你反而因為感到他一生的孤獨與悲涼而流淚。

亂七八糟、重重疊疊的哀傷讓你失去了鬥志，若不是為了孩子，你可能只會抱著妙雨的照片躺床不起。上班的時候還好，你全神貫注地工作，讓你暫時忘卻人生的悲痛。

你很疼孩子，也很疼阿花，這是妙雨留給你的。孩子一天天長大，阿花卻一天天老去，開始大小便失禁，還發現有少許認知障礙，醫生指牠的生命以日計，卻沒想到就在你帶牠離開診所回到車上的時候，牠便突然昏迷不醒。牠是妙雨的愛貓，你得把牠的骨灰罐子放在家裡留個紀念。

少了阿花跳到床上睡在你身上，你有點不慣。半夜醒來，你慣性伸手撫摸妙雨的臉，可你的右手落了空，才想起她已離世，你的淚水總是要湧出來。有時夢見阿花伏在你身上睡，你伸手去摸牠，左手摸個空，突然醒來，才發現阿花的骨灰罐子就在你懷裡。

你告訴自己，總不能永遠活在傷痛裡，你得當個像樣的爸爸，作為孩子的典範。然你心裡的痛實在無法讓你可以活得快樂一些。

女兒對你說：「爸爸，你很久沒有笑了！」

你對著鏡子練習笑容，但可能太久不曾笑過，臉上肌肉或已嚴重退化，笑起來很吃力、很勉強。

某個黃昏，天色昏暗，下著大雨，你從港鐵站出來，一位穿上麻質淺綠碎花連衣裙的女士撐著一把粉紫色雨傘，肩上掛著一個素布袋，你大叫「妙雨」，她大概在雨聲與鼎沸人聲中沒聽見你叫她，只是不經意地望了過來，你才發現她不是「妙雨」。你忍不住淚水，想起了妙雨也曾穿上類似的連衣裙撐著粉紫雨傘在港鐵站出口等你。你怕別人見到你流淚，索性走進雨中。

那夜，你沒有睡好，夢一個接一個。你見到妙雨帶著四隻貓乘著風箏降落屋後的花園，你很興奮，她笑對你說：「我和四隻貓都很快樂，無憂無慮，我去看過孩子，他們長大得很快，我很開心！」

突然一陣狂風把風箏吹起，妙雨和四隻貓兒慢慢上升，你用力去拉，卻無法把他們捉住。妙雨笑說：「老公，我們要走了，你的日子還很長，照顧好自己和孩子，別再掛念著我們……」

醒來，淚濕半枕，你叫自己快再入夢，你有千言萬語對她說，可那夜再無睡意。

天空泛白，你走到後園去剪草，然後把阿花的骨灰埋在荔枝樹下。朝陽刺眼。回到辦公室，一位應徵者來面試，四目交投下，好像彼此也找到了對方……

失戀的滋味

你忙了一天，到了晚上九時才下班，身心疲累，幸好進入港鐵車廂後很快便找到座位。又餓又累，車還未開，你閉上眼睛便睡著了。

突然你感覺到手機震動，翻看簡訊：「今晚有空麼？我們得聊聊，在我家樓下等你。」看了女友的簡訊，一種不祥的預感在你心裡湧現，睡意全消。你體內的去甲腎上腺素和皮質醇荷爾蒙上升，心跳加速，全身發熱，身軀在顫抖、冒汗，胸部像被一塊巨石壓住似的，無法呼吸。還有你的胃，裡面突然長了一群蝴蝶，牠們不住在拍動翅膀，胃裡的東西在翻騰，令你感到噁心，非常驚恐。這驚恐纏繞了你整段車程，當你要站起來離開車廂，卻雙腳發軟，幾乎無法把腳提起，你的心很痛。

想起這兩、三個月你們不斷爭吵，本來冷靜了一個星期，雙方答應會冷靜地吃頓飯，可最後只是點了菜，還未送上來，你們已吵得面紅紅。忽然，她站起來，頭也不回地離開，你追著她，後面的侍應拿著帳單追著你。

你跑到港鐵站，一手拉住她，壓低嗓子問：「你怎麼了？不是約定了好好吃頓飯麼？」

她沒有望你一眼，甩開你的手說：「放開我，不想見到你，我們分手吧！」

聽見她這樣說，你很生氣，甚至想揍她一頓，又或者跟她大吵一場，但你知道這樣只會令關係更壞，讓本來已經很脆弱的關係變成無藥可救。你不能失去她，她的話像利刃插進你肚子，肝腸寸斷，痛不欲生，可你還得冷靜，有風度地問：「你怎麼了？這幾個月你已說過分手好幾次了。」

她更不耐煩：「今次是認真的，我想得很清楚，叫自己別再癡心妄想，看看你現在的模樣，像喪家之犬，失去了昔日的自信與冷靜，教我怎樣能夠繼續喜歡你？我見到這樣搖尾乞憐的你，真的感到噁心。」

列車進站，她走了進去，你立即跟著。她皺眉，瞪了你一眼：「別老是跟著我好麼？你令我厭煩極了。」

你很沮喪地回應：「我不過是站在你身旁，不是要跟著你，我們回家也是乘這線列車。」

她沒有作聲，就在列車駛進下一站時，忽然在列車關門前衝了出去，你欲追出去，可車門已經關上。你不禁問自己：「我又做錯了甚麼？為了她，我戒了酒，不跟那班她不喜歡的朋友來往，她學泰拳，我也陪她一起學，連我的長髮也為她剪掉了，實在不明白……」

走出港鐵站，你突然失去了方向。回家的路往返了五年，拖著她的手每天一起往返的日子也有三年了，直至最近這三個月她才搬回家住，讓你又回復獨自往返這條路的生活。

未認識她以前，走這段路總是匆匆忙忙的，每天都是步伐急速，連兩旁景物都沒注意。惟有跟她一起時，無論晴雨，總覺這段要走十分鐘的路太短了，但同樣地，你的眼裡只有她，周圍的景物也沒注意。今夜獨尋路上孤影，才發現這段路的兩旁都貼滿了街招，新的把舊的蓋過了，不曉得貼了幾層，新貼上去的是泳衣美女，上面還有誘人字句及某某夜總會的名字。

再走幾步，左邊是個長滿了野草的地盤，出口是個更亭。一個皮膚黝黑的老看更跟兩隻唐狗一起在昏暗的燈光下吃晚飯，兩隻狗兒輪流從老看更的筷子尖領過食物。左邊原來有家小雜貨店，旁邊是洗衣店。

街燈下，你一直往前走，走進一個小公園，坐在鞦韆上盪起來，眼淚也溢出來了，當鞦韆盪起，腦海突然浮現起那一幕——你抱著她一起盪鞦韆，忽然下起雨來，她吻你說：「我愛牽著你手在雨中漫步，我最愛在雨中抱緊你盪鞦韆，所以我不用雨傘，也只會抱緊你……」

太痛了，你叫自己不要想，但你的腦袋卻總是不受控制，愈不要想曾經快樂的畫面，愈不住的出現。一位中學同學帶著孩子來公園玩耍，遠遠見到你便跟你打招呼，你多麼渴望立即下雨，只有這樣她才不會發現你在哭泣。把鞦韆讓給孩子，跟她聊了幾句，便匆匆跟她道別，再說下去，她一定會問你的女友哪裡去了。

你想走得急一點，可你的雙腳發軟。回到街上，你繼續往前，你很不安，一幕又一幕溫馨的畫面總是突然襲擊你。你不想回家去。你走向港鐵站，隨便跳上列車，此刻你只想在人生旅途上有機器代替你走路，到底走多遠你還沒想好，也不在意，你只知道要活著便得繼續往前。

列車停了一站又一站，來來往往的乘客出去了又進來。到了轉乘站，你離開車廂，不去思想，讓雙腿或跟著人流到另一列車去，如是來來回回，最後的一輛列車到站了，你得匆匆離去，漫無目的地在街上走。你沒哭，天卻下著微雨，你慣性望向前面大廈的五樓B單位，她房間的電燈亮著，你心裡一陣喜悅，很想上去找她，卻又怕她不准你進去，打了一則簡訊表示很想念她，要見她，猶豫很久也未送出去，雨停了，雨水繼續沿頰淌下。

你叫自己回去好好睡一覺，可是雙腳拒絕移動。

看見她房間的窗透出光，你渴望她會打開窗簾，讓你可以遠遠看她一眼。你傻兮兮地站著，雨停了又下，下了又停，已不知幾次，你想打電話給她，在手機按了她的號碼，卻不敢打出去，猶豫了一會，又從新按下她的號碼。

你很想跟她聊聊，只要能聽到她的聲音便可，但你怕她拒絕接聽，即便過去幾個月她已不知多少次拒絕你的來電，你也不知留言多少次表達你的一往情深和承諾，她有沒有聽你不知道。你也發過簡訊給她，從雙剔符號中知道她收到了，可你沒見過剔號變藍，大概她沒有看你的簡訊。

不敢打電話給她，又怕再一次被拒，送簡訊給她，她又不看。數星期前你忍不住向著五樓高呼她的名字，結果引來警察把你帶走，並擬起訴你一項遊蕩罪。另一次你把字條送進她的大門門隙，最後給管理員押出大廈。今日你只敢站著思念她，並無助地讓各種情緒在折磨自己。

她房間的燈熄了，你好像也結束了當夜的盼望，微笑地送上祝福，願她酣睡、美夢不斷。若是昨日，你會在床上跟她說晚安，總是說了又吻，吻了又說，夜卻不留人。

一位警察經過，見你全身濕透站立在雨中，他以傘為你擋雨，問：「都這麼晚了，還不回家睡覺？雨傘給你，明天還給管理處便是。」

你沒有回應，只是拿著雨傘。他大概也不想多說，不肯定你是否有精神問題。你忽然覺得自己可笑：「全身都被雨水濕透，還拿著雨傘幹甚麼？」

你忽然像在黑暗盡頭見到微弱的燭光在晚風中搖曳：「既然已經分手，任何愛意表達、盟誓承諾也是徒然。」想到這裡，心情輕快了，你決定回家好好睡一覺，明早太陽出來又是人生新一頁。

失意的人際遇也會更失意，你伸手召喚的士，所有的士司機都好像沒有見到你。良久，一輛的士終於在你跟前停下，一對男女下車，你匆匆跳上車。司機關心你：「你全身濕透了，很易著涼，不如你先把外套除下，我開一下暖氣讓你暖和些。」

他探索地問：「為甚麼那麼晚還在雨中……」你沒回答，事實上你也在問自己同一問題，卻找不到答案。「除了因為傻，還有別的答案嗎？」

他見你不語，也知趣地不再搭訕。回到家裡，洗澡更衣後，已是凌晨三時，你躺在床上輾轉，她的影像把你徹底佔據了。

你躺在床上，無法入睡，總是想著她，你知道想她是沒意思的，她根本不會知道，知道了也不會在乎，可你總是無法控制自己的腦袋。睡不著，很累，你變得神經過敏，稍有風吹草動或樓上傳來任何聲音，你就嚇得整個人跳了起來。

明天還要上班，你想好好睡一覺，不然明天不集中便會落錯盤，帶來不必要的損失。你愈想睡便愈睡不著。

不知過了多久，你嘗試深呼吸，也許真的太累了，你終於呼呼睡去。

夢中你跟她到馬爾代夫旅行，你們穿上潛水裝備，手牽手跟著導賞員到海底，各種七彩的魚在你們身邊游過，游到更深處，還見到幾尾鯊魚在游弋。突然，水流很急，漆黑一片，一種低沉的聲音從地底傳來，你拉住她的手急墮，過了一會，你發現你握住的是自己的手套，大驚，醒來，天空泛白。

你不想再睡，生怕再發這樣的夢，這幾星期來每晚都從這樣的夢醒來，心力交瘁。無聊地打開平板電腦，雙手不知不覺地按到她的臉書，她昨夜留下說話：「看來，人生要進入另一階段了，與其勉強無幸福，不如……」你開始對這樣的話麻木，你仍是慣性地看你們初相識時她寫下的幸福字句，那些年的牽掛，跟今日獨自佔著一張大床的思念，令你非常痛苦。

後來發現忙碌可以令你暫時忘憂，所以這幾星期你都特別愛上班，公餘時就愛找朋友喝酒聊天。朋友聽你訴苦多了，也漸漸不肯再跟你喝悶酒。他們叫你忍耐，時間可以撫平你的傷痕，可你漸漸發現這句說話是謊言。都幾個月了，心只見愈來愈痛，每見她一次便好像把已結疤的傷口再度切開。不見她？又牽腸掛肚。

她不理會你的電郵、簡訊，你卻不停送出你的愛和承諾，情濃時這些甜言蜜語句句窩心，今天這些話大概只會惹人生厭，怪不得她從不會看。

打電話給她，她最初不接聽電話，就算接聽電話也只訴說對你的不滿。近日，她間中會接聽你的電話了，她語氣平和，可從不主動問你半句，無論你問甚麼，她總是答：「不是。」「沒有。」「差不多。」「老樣子。」「憑甚麼。」「沒甚麼。」「累了。」

掛上電話，你完全沒法聽出她的心情，這麼冷淡的答話令你更痛苦。每次掛斷電話後，你都感到孤單無奈，但只要想起她，你的手又總是忍不住按了她的電話號碼。直至有一天你聽見她冷冷的聲音也感害怕。

藕斷絲連，情似雨餘，濕黏黏的教你喘不過氣來，你不禁問自己：「為甚麼會這樣的？」你已非首次戀愛，往日分手，你喝醉一頓，明天醒來張目四看，新的目標就在眼前，你實在不明白今日為何拉拉扯扯、拖泥帶水，你想念她卻惱她，還愛她是肯定的，但她令你很痛苦，令你沮喪、氣憤，卻又不能怨她，矛盾的心情令你不知所措。

你渴望挽救這段感情，可無論你做甚麼也沒有用。你的心情好壞完全受她影響，她一句較友善的話足以讓你樂上半天，她跟你吃頓飯更令你以為以後便可以像公主與王子般在古堡裡永遠幸福地活下去。

某日，也許已太厭倦那失去了自己的生活，你到海旁跑步、曬太陽，可你只是跑了十分鐘已氣喘如牛，你問自己：「昔日你是個跑馬拉松的運動員，你看今天變成甚麼樣？你願意以後這樣過日子嗎？」

另一個你回應：「只要她回到我身邊，我願意永遠都這樣，能不能跑馬拉松已不重要！」

你問：「這是你希望過的日子嗎？往日你跑步、跟朋友相聚，有很多人生目標，可今天你的生命裡似乎甚麼都沒有了……」

另一個我回應：「只要有她的日子，便是幸福快樂的日子。」

你再問：「現在你心裡有她，且刻骨銘心，你快樂嗎？」

另一個你答：「非常痛苦。」

你問：「即是說跟她一起不一定快樂？」

另一個你回應：「不，是跟她分開才不快樂。」

你說：「她似乎要離開你了，你愈想挽救這段關係，她便愈討厭你。她再不會跟你在一起，那麼你是不是要自己永遠痛苦？」

另一個你答：「這個……這個我不知道，總之我會盡力……」

你問：「你不是已盡全力到了無計可施的地步嗎？」

另一個你回應：「這是事實，但我要時間去整理。」

你說：「你是為了過去的『你們』而活啊，不是為了此刻的你而活，也不是為了將來的你而活？」

另一個你猶豫：「我能為自己而活嗎？她離開我，讓我覺得失去一切。」

你說：「沒有她，你便不快樂，你這是為她而活。每個人都應為自己而活，獨個兒也得令自己快快樂樂。當你自己不能令自己快樂地活著時，更別指望跟別人在一起會更快樂……」

你內心的掙扎讓你忽然明白，自她搬走後的三個多月，你活著的每一分、每一秒都是為了重新得到她的愛，把自己的需要完全忽視了，結果她也無法接受一個失去了自己的人。

為了繼續跟她在一起，你做了不少令她感到煩厭的事，例如到她辦公室樓下等她下班、半夜到她家樓下要求見她、一段又一段很長卻沒有意義的文字、總是按捺不住不住的脾氣……回想起來，你已變成另一個人，一個連自己也無法接受的人。

你想：「這幾個月那麼痛苦，原來都是自己的問題，與她無關。因此，要解決她離去後產生的痛苦，必須先解決自身的問題，而非把責任推到她身上。」

你叫自己冷靜下來，重整自己的人生，讓自己回到昔日未分手時的生活，有沒有她，你也得學會開開心心地過。想到這裡，你覺得肚餓，想起附近有家出名的雲吞麵檔，便踏著輕快的腳步吃麵去。那濃濃的大地魚湯底加上少許韭黃做伴菜，再配上煮得恰到好處的麵條，嚼在嘴裡爽爽彈彈的，雲吞裡的小蝦更是爽脆鮮味，你實在喜歡，只是從前因她不喜歡吃雲吞麵，你才好幾年沒來光顧。

你決定到工廠大廈的健身房去做運動，曾經因為她，你背叛了工廈健身房，到昂貴的中環健身中心去，也曾經因為她不喜歡跑步，你好幾年沒跑馬拉松。為了她，你努力改變自己，最後被改造了的你卻又不見得很快樂。

你決定要善待自己，做自己喜歡的事，即使孑然一身，也要過得豐盛和快樂。從那夜開始，不喝酒，沒吃安眠藥，也睡得香甜。早上起來，精力充沛，拉開窗簾讓陽光曬進來，晴朗的日子久違了。

你間中想起她，卻沒再送上電郵或簡訊，也沒再打電話給她。過了一個月，她忽然送來簡訊，表示想跟你聊聊，你提議到新界一家餐廳。

見到她，你第一句便說：「不如好好吃了飯再說。」

兩人吃飯閒話家常，氣氛尚好。

吃過了甜品，她說：「我想了很久，不知該怎樣對你說……」

你回應：「儘管說吧，我們都是成年人，有甚麼依心直說好了。」

她有點猶豫：「那我便直說……我們還是分手吧！」

你安靜地說：「好的，我尊重你的決定。」

她突然哭了起來，抽泣說：「你知道我那麼愛你，可我無法跟你相處……我想我現在可以跟你共處……」

你冷靜地接受她提出分手，不再像昔日般哀求或發脾氣，反而一句「好的」令她哭了。

她表示仍然愛你，只要你不發脾氣，和平地跟她聊天，不要管她，她是願意跟你在一起的。她的反應令你不知如何是好。你得重新考慮到底堅定地跟她分手，還是喜出望外地重新開始。

那夜你們相擁而睡，那個月是你們戀愛後最甜蜜的日子。你珍惜相聚的時刻，可又總覺得你們之間像欠缺了甚麼。

她忽然對你說：「我一直要你跟我的意願去生活，我以為這是作為女朋友應做的事。今天起來時發現我做錯了，這幾年我一直想改造你，要你成為我心裡最完美的男人，可我把你成功改造之後，卻發現你不是我最初愛的人，心裡矛盾得很……不如你做回自己，大家舒舒服服過日子好嗎？」

聽了她的話，你很感動，你覺得兩個人一起最好是各自維持自己的生活方式，同時也有共同分享的空間。她要求你跟她的意思去生活，你會感到委屈和不開心，你又不願意要她跟你的意思去過日子，她便只有不住抱怨你沒有主見，不肯決定任何事情。問題是無論你決定甚麼，她也會批評和否定你，經過幾年的「訓練」，即使上班時你有十多名下屬，要時刻作決定，但日常生活中，你已失去了決定的能力。她突然讓你自由，你反而感到不習慣。

快樂地過了半年，你們的關係有了很大的轉變，她跟朋友外出的日子愈來愈多，你也重新跟朋友去打球、健身，還在星期日去學雕塑創作。兩人每天都弄到午夜才回家，一起看了電視，分享了當天的生活便睡覺。

你們好像變成分租睡床的租客，各睡各的，再沒需要任何親密行為。你漸漸覺得你們已經無法再維繫這段感情，你也猜到她也有著相同的感覺，只是彼此怕傷害對方而不敢提出分手。

你沒有那種浪漫的感覺，她就好像是你的家人，習慣了一起吃飯、同睡一床、互相關心。

最後還是她對你說：「我想到美國唸書，一去幾年，實在不敢肯定我們之間會有甚麼變化。不如我們先分手……」

你冷靜地說：「我們只是製造壓力，看誰先把這些話說出來。多謝你肯提出分手，你也不用到美國去，我會幫你找房子，然後幫你搬過去，往後我們仍是好知己，感謝你給我這幾年一生中最快樂的日子。這些日子要完了，也感謝你讓我回復自由身……」

思憶與憑弔

因為一隻小狗，你已十多年沒有遠行。每天下班便立即趕回家，生怕牠會餓壞了。為了牠，你幾乎謝絕應酬，即使是家人或親人的飯局也會婉拒，漸漸跟親人和朋友失去了聯絡，社交範圍就只有家和辦公室。

你唯一的運動就是黃昏時帶牠到公園散步，其他時間甚麼也不做。公司曾要派你往紐約工作，你對著牠發呆，連晚飯也吃不下。平日你跟牠總會一起吃晚飯，有時更是你一口、我一口地吃，牠也好像明白你的心意，只是安靜地坐在你身旁。牠聽見你肚子發出「咕咕」的聲音，你卻沒留意。

秋春交替，牠已十六歲，身體出現很多問題，腎臟已近衰歇，還有心律不正、腦萎縮及不良於行。獸醫建議讓牠安樂死，你覺得那人很無情。

跟著的一年，牠的大小便開始失禁，你每星期要帶牠「洗腎」。牠愈來愈瘦，體力也愈來愈差，牠已不能陪你散步了。

牠伏在地上，發出嗚嗚的聲音，像是痛苦，也像難過。跟著牠閉上了眼，再沒動靜，你以為牠睡著了，於是關燈去睡。

一覺酣睡，突然醒來，家裡好像少了一些熟悉的聲音——聽不見牠的鼻息。你起來見牠仍然維持著昨夜的睡姿，你摸牠，全身涼了、僵了，你哽咽欲哭。

淚水在眶裡打滾。記憶中你牽著她的手輕快地在街燈下跑跳，經過一燈柱，她見到一隻小狗的黑白照片，照片下面寫著一個電話號碼及徵求領養者的字句。第二天她打電話去查問，原來那是流浪狗收容所，有不少被遺棄的狗隻正等待人領養，但照片上的那一隻剛被收養了。

你跟她一起到流浪狗收容所，一隻小狗很可憐地走近她，並偎在她的腳上不肯走開，她抱起牠，興奮地說：「牠很可愛。」然後望著你，似乎等你說：「帶牠回去吧！」

你猶豫一會，她再望著你，你還是謹慎問一句：「你懂得照顧牠嗎？」她抱著小狗點頭。

你們每天下班後都帶著小狗往海邊散步，小狗變成大狗，附近的海也給填成了一個大地盤。

某天，她忽然一臉蒼白，雙腳發軟，走不動，送到了急症室，醫生、護士神情緊張地把她送上病房，匆忙間只是告訴你，她的白血球、血小板和血紅素很低，查了很久也找不出原因，她要接受輸血。可過了幾星期，輸進體內的血液像流走了似的。

病床上，她喃喃自語，還喊著你和小狗的名字……

她發高燒，昏睡了幾天，燒退了，清醒過來，要見小狗，可醫生不許她回家，你便偷偷把牠運進病房去。她抱著小狗說：「媽媽沒法照顧你了，以後你要跟爸爸相依為命。」

她說這話時很平靜，你心裡立刻湧現一種不祥預感：「她可能真的要走了……」

整個下午她抱著牠，到了黃昏，她對你說：「我累了，要睡一覺，你先帶牠回去。我不在，你好好照顧牠。」她說完這句話便睡著了，鼻息均勻，臉帶微笑。牠輕舐她的臉，發出嗚嗚的叫聲，眼睛泛著淚光，大概牠跟你一樣，感覺到生命中最無奈的事要發生了。

回到家裡，隨便煮了一碗麵，才吃了幾口，醫院便來電話了，在睡夢中她的心臟停止跳動。

她要你把她忘掉，她希望你把她的骨灰放進新界某處的荷塘裡。你捧著她的骨灰，數次走到那荷塘，見荷花未開，你不想把骨灰放進去，又或者你捨不得放下她，把她拿回家去，擱在書架上，每天回家便可以見到「她」。

房子裡的擺放和裝修都是她出的主意，你想保留。她的照片如常放在檯上，連她衣櫥裡的衣物你也保持原貌。

時光匆匆，小狗也離你而去。你把牠的遺體火化後，趁盛夏荷花盛開的日子，偷偷把她和牠的骨灰倒進塘裡。你心想：「也許明年的荷花開得更美麗。」

趁假日或忙裡偷閒，你會開車到那荷塘，看著荷花或殘荷，思念著她和牠。你也曾想過，後世也許會有這麼的一個傳說：每到荷塘盛放的日子，每個黃昏，總有一位美麗的女子帶著一頭小狗在塘邊散步……

你感到再無牽掛，決定離開這片土地，到外面去闖，剛巧公司欲派你到俄羅斯開展業務，你便提著一個行李箱走了。一切的回憶留在心裡，讓你時刻觸景生情的東西都一一留下。這些東西對你來說已不那麼重要，能記住的都已記住了，想不起的即使物在，也會想不起它為何存在。

到了新的工作環境，你覺得自己變了，你開始留意身邊出現的女性。

在朋友聚會中，一位高挑的女士跟你聊了整個晚上，好像別的朋友都不存在似的。你覺得她很美，你們有說不完的話題。不到三個月你們結婚了，也很快生了兩個男孩。有時你帶他們到荷塘去散步或騎單車，你總會告訴他們：「到了黃昏，這裡會有一個美麗的女孩帶著小狗散步……」

雨下個不停

從車站出來，雷電交加，雨水傾盆，街上積水及踝。

你後悔出門沒有帶雨傘，只好站在車站出口空著急，時間一分一秒過去，還有四十分鐘……

你已經提前一小時出來……失業了幾個月，你希望這次見工可以順利。

愈來愈著急，你心裡不住盼望雨快點停。

你甚麼也不能做，只是不停看手錶，像你一樣被大雨所困，擠在車站出口的人愈來愈多，出口最後給堵住了。

身旁一位女士雨傘在手，卻沒有走出去。你多渴望她出去時你能跟出去，只要去到的士站便可，可她似乎沒有動作。

你忍不住問：「小姐，你有雨傘為甚麼不走？」

她笑說：「這麼大雨，街道也浸了，有雨傘也沒用，不如站在這裡看看雨也不錯。」

你想：「倘若她肯借我雨傘便好。」你卻覺得不好意思。還有三十分鐘，你忍不住硬著頭皮對她說：「小姐，既然你不急於要走，可否借我雨傘？我趕著見工，一小時後便可回來還給你，若你走了，到時就把雨傘送到府上……」

她半帶揶揄：「第一次有人這樣向我借傘，傘給了你，我怎樣回家去？」

你不好意思地說：「我會回來的，只是要你等一小時。」

她還是不放心：「你不回來怎辦？」

見你那麼急，她說：「拿去吧！給我手機號碼。」

說完便把傘遞給你。

你打開雨傘衝出去，立即後悔了。雨傘被強風吹得變形，雨水橫掃身上，才走了幾分鐘，到了的士站，已全身濕透，跳上車，看看手錶，還有二十分鐘，你的心裡踏實了。連跑帶跳地上了二十八樓，本來還有十分鐘便是你的面試時間，但等候房間坐著幾個比你還要濕的人，接待員向你道歉：「對不起，今天雨太大了，連老闆也遲了回來，會議需要延遲一小時，你可先到洗手間去整理一下，那裡有風筒和……」

兩小時後，你回到車站，從的士跳出來，走進車站時已全身濕透。你親手把雨傘還給她，她說：「雨不停地下。」

幾個月後，你對朋友說：「我喜歡落雨天，因為下雨，我有了新工作和新女朋友。」

衝突

袁彼得六歲那年，因為父親在旺角的藥房無法捱過年年倍升的租金，一家搬到屯門。

袁先生帶著兩個夥計及一個配藥員在屯門經營藥房。與其稱為藥房，不如稱之為家居百貨店，除了配藥，也賣清潔用品、奶粉、廁紙、蒸餾水……租金、夥計人工和電費開支不小。他努力工作，每天從早上八時工作至晚上九時，才勉強可以維持一家人的生活。

雖搬到屯門住，彼得仍在九龍塘一所名校上學，每天由媽媽充當司機，接送他上學。

剛開店不久便遇上「沙士」，除了口罩和消毒酒精，店內其他貨品幾乎無人問津，街坊來買東西也要講價。看來快要捱不下去了。

袁先生很惆悵，怪自己少時無心向學，中學未畢業便給學校趕了出來，在外面幹了幾個行業都不喜歡，最後老父叫他到店裡幫忙，開始了他在藥房工作的生涯。老父去世，他守著父親的生意，一做便二十幾年了。除了經營藥房，他甚麼也不懂。

兩個合作已久的夥計，他不欲辭掉，想到他們還要養妻活兒，就只好硬著頭皮艱苦經營下去。

「沙士」的嚴冬終於遠去，突然又湧來不少內地人。他們人人帶著一個個大行李箱來，從藥物、奶粉到洗頭水，甚麼也要，貨如輪轉，供不應求。

他多聘了幾個夥計，也租下隔鄰空置了好些日子的鋪位，大量入貨，但奶粉、日用品仍然賣斷了市。街坊向他投訴，買不到嬰兒奶粉，他索性把部分奶粉留給街坊，其他客人全部提價三成出售。

來港的內地客人愈來愈多，兩年間他在區內開了四家分店，光是賣奶粉已令他肚滿腸肥。他的生意好，業主自然大幅加租，他又只好將貨品提價，賺的錢愈來愈多。

街上全都是「自由行」的人，人人手拉一個行李箱。街上開滿了藥房，同行競爭激烈。誰料，政府忽然來個「限奶令」，說要打擊水貨客，令他的生意大跌。

後來，又出現「光復行動」，驅趕所有內地來港購物的人。袁先生更沒想過，在「光復行動」的人群中居然有自己的兒子彼得。他非常生氣：「你這死仔，這樣趕走我的顧客，看你哪裡來錢上大學？你把我的客人趕跑了，一家人吃飯也成問題啊！」彼得回應：「可是，這班內地人快要佔據了我們的城市……」

彼得激動地表示：「太多內地人到來，把奶粉都搶光了，又霸佔了不少幼兒園、中小學以至大學的學位，更把樓價都推得高高的，令港人要捱貴租，還有那班內地來港升學的學生，為了留在香港，努力讀書，畢業後就會搶走我們的工作……看看這條街，走在上面的都是『自由行』，我們從小光顧的店鋪都因為他們而消失了。現在這條街就只有你的藥房和另外幾家金鋪，我們的土地正一步步被蠶食……」

爸爸聽了兒子的話，心想：「兒子過分看重自己的權益，為了保護自己的利益，不惜驅趕到來的客人。」他本來很生氣，可是後來又想到：「他也長大了，沒想到他對生於斯、長於斯的香港那麼關心，這一點我該好好肯定他……」

他笑說：「彼得，爸爸在上世紀七十年代跟你爺爺來香港，那時逃來香港的內地人也不少，可當年的香港人都沒有排斥我們。記得我們上岸之後，全身濕透，又餓又冷，海邊木屋的大嬸給我們衣服，又煮飯給我們吃，然後給我們錢，教我們乘車到市區……拿了身份證便上學去，那時同學都沒有排擠我。大家都是黃皮膚、黑眼睛，人家來你的地方旅遊是出於對此地的欣賞，這樣把他們驅趕，似乎有點無禮。你那麼關心我們的社區，我感到很驕傲，但也希望你能有廣闊胸襟，多接受包容不同的人。」

彼得回應：「我不是反對他們到來，只是不喜歡太多人來，令交通擠塞，他們的手拉行李箱更阻礙其他行人或乘客。他們可否有秩序地來，不要一下子湧過來？」

爸爸笑著回應：「也許你說得對，我們真的要保護香港的生活文化和傳統，也要堅持香港的信念和核心價值。內地朋友要來也得有秩序地來，不能失控地來。這一點我們可以向政府提建議，用不著嚇怕無辜的旅客……」

彼得表示：「我們的光復行動，不是要把『自由行』趕回家。我們只是對這個不知民情的政府提出警告，若我們不這樣做，特首便聽不到、看不見，當它是小事，讓它淹沒在時間的洪流裡。不過，爸爸，我們這樣做也許真的會影響政府政策，你得作心理準備，『自由行』減少會影響你的營業額……」

爸爸回應：「那麼今天起你的零用錢就跟我的收入掛鉤……有時我們得抉擇，要安靜的生活還是更高的收入。」

有女萬事足

那天你告訴我交了一個男朋友，有點忐忑，不肯定自己是否真的愛他，因你過往的戀愛都是來得激烈的，遇上他便總是想著他，但這個男朋友給你的是平淡如水的舒服感覺，沒有壓力，喜歡做甚麼便做甚麼，更不用在他面前假裝甚麼……

過了半年，臉上洋溢幸福的你告訴我要結婚了，新郎就是那個像白開水般平淡無味的男人，他沒有給你火燄般的激情，卻能為你解渴生津。

到了第二個秋天，身體略胖的你告訴我已懷孕三個月。你變得溫柔，少了昔日的蹦蹦跳跳，走起路來也慢了。你擔心胎兒能否健康成長，也擔心孩子出生後家傭能否把孩子照顧好，更想到孩子應唸哪所幼兒院、要不要現在就去拿報名表格。

你的肚子一天天隆起來，你跟丈夫每個星期天的活動都是參觀嬰兒用品店，看了不少，但沒有買，丈夫收到很多朋友送來的嬰兒車、嬰兒床、嬰兒衣物、奶瓶等，你們都很感動，也省下不少錢。

剛過了五月，你以簡訊告訴我，女兒昨晚出世了，重三點九公斤，母女平安！還寫了一段感受，字裡行間，我見到了你的喜悅，也感到你的擔憂。

產後第四天，你打電話給我，表示醫生要你多留院一天，因為你昨晚失眠，哭了一夜，今天早上你不敢碰女兒，擔心會把她掉到地上，護士教你為女兒洗澡，你又擔心會把她溺斃。你哭泣，擔心自己不會是個好媽媽。

到了第五天，情緒平靜了，信心也回來了，你抱著女兒回家去，覺得一切都很美好。

丈夫跟你意見一致，要把嬰兒床放在你們的睡房，她哭了，你們可以第一時間知道。夫婦倆每晚給女兒吵醒三、四次，你放產假在家，難為丈夫早上還要上班。

也許這是跟你同齡的親友中的第一個孩子，來探望你的親友絡繹於途，陪月姨姨也說：「兩個星期便吃了五煲薑醋，我做陪月五年也未見過。」

親友送來各種禮物，都是嬰兒衣服、玩具之類，佔了嬰兒房一角。你覺得：「女兒已有親友送上的衣服，新的東西可以轉送給有需要的人。女兒會長得很快，那麼多衣服，十年也穿不完。」

產假完畢，你回去上班。你開始不加班，準時下班，也不再跟同事爭一日之長，連上司也說：「你變了，有女萬事足。」的確，無論你在外面有多辛苦，只要回家看著女兒，外面風風雨雨也不重要。

月有陰晴圓缺——33個觸動心靈的小故事

作者　曾繁光
總編輯　葉海旋
編輯　李小媚
助理編輯　黃秋婷
封面設計　joeyb
封面相片　iStockphoto.com
出版　花千樹出版有限公司
地址　九龍深水埗元州街二九〇至二九六號一一〇四室
電郵　info@arcadiapress.com.hk
網址　http://www.arcadiapress.com.hk
印刷　美雅印刷製本有限公司
初版　二〇一七年七月
第二版　二〇一八年九月
ISBN　978-988-8265-87-9